# DES DÉLITS
# ET DES PEINES

CESARE BECCARIA

# DES DÉLITS
# ET DES PEINES

*Traduction*
par
Maurice Chevallier

*Préface*
de
Robert BADINTER

GF
FLAMMARION

# PRÉFACE

# PRÉSENCE DE BECCARIA

Le 17 février 1765, *La Gazette littéraire de l'Europe* fait brièvement état de la publication en Italie d'un ouvrage « qui traite des cruautés des supplices et de l'irrégularité des procédures criminelles [1] ». Le nom de l'auteur n'est pas cité. Le chroniqueur se borne à évoquer la rumeur venue d'Italie selon laquelle « il a manqué au respect qu'il doit à la législation publique [2] ». Tout au plus marque-t-il que l'auteur « lui paraît marcher bien moins sur les traces de ce grand homme (Montesquieu) que sur celles du fameux citoyen de Genève [3]... ». C'est ainsi que précédé d'un léger parfum de scandale et cautionné par d'illustres références, Beccaria fit anonymement son apparition sur la scène des lettres françaises.

---

1. Cf. Franco Venturi, « *Cesare Beccaria " Dei deletti et delle pene "*, *con una raccolta di lettere e documenti relativi alla nascita dell' opera e alla sua fortuna nell' Europa del Settecento* », Guilio Einaudi editori, Torino, 1965, p. 311.
2. *Ibid.*
3. *Ibid.*

Inconnu, Beccaria ne devait pas le rester longtemps. Le petit livre publié en l'été 1764 à Livourne sans nom d'auteur intitulé « Dei delitti et delle pene » suscite aussitôt interrogations et soupçons [1]. A Venise, les Inquisiteurs y voient la main d'un praticien rebuté par la justice de la République. A Rome, la défiance est vive chez les prélats. A Naples, on applaudit. Mais à Milan, on connaît la vérité dans le petit cercle intellectuel de l' « Accademia dei Pugni », où l'on se réclame hautement de la philosophie des Lumières. Il s'agit d'une œuvre du marquis Cesare Beccaria, un jeune homme de vingt-six ans, élève des meilleures écoles et de la fameuse université de Pavie. Il y a subi, selon ses propres dires, l'étouffement de « huit années d'une éducation fanatique [2] ». Mais qui est donc ce jeune auteur et quel a été son itinéraire intellectuel ? Lui-même se dépeint « l'aîné d'une famille qui a quelques biens, mais les circonstances adverses ne me laissent pas beaucoup d'aisance. J'ai un père dont je dois respecter la vieillesse et même les préjugés. Je me suis marié à une jeune femme sensible qui aime à cultiver son esprit [3]... ». En vérité, Cesare Beccaria, très jeune, avait contracté un

1. Cf. Franco Venturi, Introduction à *Des délits et des peines*, Librairie Droz, Genève, 1965, traduit par Maurice Chevallier, p. IX.
2. Lettre de Beccaria à l'abbé Morellet, *in Des délits et des peines*, Préface de Casamayor, Champs, Flammarion, 1979, p. 186.
3. Lettre à Morellet, *op. cit.*, p. 188.

mariage d'amour contre le vœu de son père et de sa famille. Etait-il heureux ? « J'ai eu le bonheur rare de faire succéder à l'amour la plus tendre amitié [1]. » Le propos est élégant, la réalité plus cruelle. Beccaria est furieusement jaloux de sa femme [2]. Et cette passion altère encore un caractère sombre. Il déteste « Milan enseveli sous les préjugés » et « les Milanais qui ne pardonnent pas à ceux qui voudraient les faire vivre dans le XVIIIe siècle. Dans une capitale peuplée de 120 000 habitants, à peine y a-t-il vingt personnes qui aiment à s'instruire, et qui sacrifient à la vérité et à la vertu [3] ». Le petit cénacle philosophique de ses amis, dénommé aussi le « Caffé », est toute la société de Beccaria. Là, il retrouve le comte Pietro Verri, son meilleur ami, auteur d'une brillante satire contre la justice, et son frère Alessandro, jeune avocat dévoué à la défense des pauvres. Et aussi des aristocrates éclairés, le comte Carli, le marquis Largo, le comte Visconti, le comte Secchi. « Nous cultivons tous, écrit Beccaria, dans la solitude et le silence la bonne philosophie qu'on craint ou qu'on méprise ici... Les philosophes français ont dans cette Amérique

---

1. *Ibid.*

2. Cf. *Mémoires de l'abbé Morellet sur le XVIIIe siècle et sur la Révolution,* Slatkine reprints, Genève, 1967, t. I, p. 167. Evoquant Beccaria à Paris à l'automne 1766, Morellet le dépeint : « Beccaria s'était arraché d'auprès une jeune femme dont il était jaloux... A l'arrivée, sombre et concentré l'on ne peut en tirer quatre paroles. »

3. Lettre à Morellet, *op. cit.,* p. 190.

une colonie, et nous sommes leurs disciples, parce que nous sommes les disciples de la Raison[1]. »

De ses maîtres philosophes, Beccaria donne la liste. « D'Alembert, Diderot, Helvétius, Buffon, Hume, noms illustres qu'on ne peut prononcer sans être ému. Vos ouvrages immortels sont ma lecture continuelle[2] ! » Il est « rempli de vénération[3] » pour le baron d'Holbach. De la lecture de Montesquieu date sa conversion à la philosophie. Mais le « Contrat social » inspire plus encore Beccaria. Son ami, le comte Carli ne s'y trompe pas qui, pour défendre Beccaria contre ses adversaires, écrit : « Contentons-nous de louer l'œuvre, en tirant le voile sur ses principes. Ils proviennent de Rousseau[4]... »

*
**

A mesurer cette filiation spirituelle, on comprend le soupçon qui entoura l'œuvre à sa publication au sein des autorités pontificales ou vénitiennes, et le succès éclatant qui l'accueillit dans toute l'Europe des Lumières et d'abord à Paris. Le livre de Beccaria fut remis par un ami, le Père Frisi, à d'Alembert. Au printemps de

1. Lettre à Morellet, *op. cit.*, p. 191.
2. *Ibid.*, p. 188.
3. *Ibid.*, p. 188.
4. Lettre de Carli à Paolo Frisi, *in* Franco Venturi, *op. cit.*, p. 187.

1765, le philosophe est transporté d'admiration. Il écrit, le 9 juillet 1765 : « On ne saurait être plus enchanté, plus enthousiasme même que je le suis de cet ouvrage. Je l'ai fait lire à plusieurs bons philosophes qui en ont porté le même jugement que moi. Ce livre, quoique d'un petit volume, suffit pour assurer à son auteur une réputation immortelle[1]. » Grimm, le 1er août 1765, dans la *Correspondance littéraire* fait de l'œuvre une longue analyse, qui prend des accents de panégyrique. Il salue en Beccaria « un des meilleurs esprits qu'il y ait actuellement en Europe »... Son livre est du petit nombre de ces ouvrages précieux qui font penser[2]... Et Grimm d'ajouter cette considération toute politique : « Il serait à désirer que tous les législateurs d'Europe voulussent prendre les idées de Monsieur Beccaria en considération et remédier à la barbarie froide et juridique de nos tribunaux[3]. » L'ouvrage de Beccaria n'apparaissait pas ainsi seulement comme un ouvrage philosophique, mais comme un projet révolutionnaire contre la justice de l'Ancien Régime. Là résidaient son originalité et sa force. Beccaria apportait le premier une réponse cohérente à une interrogation devenue brûlante : sur quels principes, fondés en raison et en humanité, construire une nouvelle justice

---

1. *In* Venturi, *op. cit.*, p. 313.
2. *In* Beccaria, *Des délits et des peines*, Editions Champs, Flammarion, Préface de Casamayor, *op. cit.*, p. 183.
3. *Ibid.*, p. 182.

criminelle ? Le succès foudroyant de Beccaria naquit de cette rencontre exceptionnelle entre une œuvre et une attente du public.

En effet, alors que Beccaria écrit son Traité à Milan, l'opinion est en France sous le choc de l'affaire Calas. En mars 1762, Jean Calas, bourgeois protestant de Toulouse, accusé d'avoir tué son fils parce qu'il voulait se convertir au catholicisme est condamné à mort et roué vif par décision du Parlement de Toulouse. La barbarie du supplice infligé à un homme dont la culpabilité est plus que douteuse révolte les consciences. Voltaire se fait l'incomparable avocat de Calas et, après avoir plaidé la cause de son innocence dans ses pamphlets en 1762, il instruit le procès de la législation criminelle elle-même dans son *Traité sur la tolérance à l'occasion de la mort de Jean Calas* publié en 1763. Nul doute que Beccaria ait eu connaissance de l'affaire Calas et de la campagne conduite par Voltaire.

En août 1765, au moment où est publié en France le *Traité des délits et des peines*, une nouvelle affaire criminelle suscite dans l'opinion publique une émotion intense. En août 1765, le chevalier de la Barre, âgé de dix-neuf ans, est arrêté sous l'accusation d'avoir blasphémé au passage d'une procession à Abbeville et mutilé un crucifix. Pour ces charges rien moins qu'établies, le chevalier est condamné à mort, le 28 février 1766. Le 5 juin, le Parlement de Paris confirme la décision et le chevalier de la Barre est exécuté le 1er juillet 1766. Voltaire prend fait et cause pour le chevalier dont le supplice est dû à des motifs essentiellement politiques et religieux. L'opinion éclairée est révoltée par cette exécution.

C'est dire combien le *Traité des délits et des peines* arrivait à son heure. Rien n'est plus significatif à cet égard que l'attitude de Voltaire lui-même. Le 16 octobre 1765, en pleine affaire de la Barre, Voltaire écrit à son ami Damilaville : « Je commence à lire aujourd'hui le livre italien *Des délits et des peines*. L'auteur est un frère[1] ! » Le 13 juillet 1766, il envoie à Beccaria sa « Relation de la mort du chevalier de la Barre ». Mais Voltaire veut aller plus loin. Il songe à un ouvrage sur la justice criminelle, qui reprendrait les principes de Beccaria. Le 28 juillet 1766, il annonce à Damilaville : « Le mémoire devrait être un beau commentaire sur le Traité des délits et des peines[2]. » Il consulte son avocat, Me Cristin, auquel il n'hésitera pas à imputer la paternité de son ouvrage[3]. Celui-ci est publié en septembre 1766, sous le titre « Commentaire sur

---

1. Cf. Jacques Godechot, « Beccaria et la France » dans *Regards sur l'époque révolutionnaire*, Privat, 1972, p. 41. Sur les rapports de Voltaire et Beccaria, cf. Marcello Maestro, *Voltaire and Beccaria as reformers of criminal law*, Columbia University Presse, New York, 1942.

2. *In* Godechot, *op. cit.*, p. 42.

3. Cf. Lettre du libraire genevoix Barthélemy Chirol, envoyant, le 20 septembre 1765, à‚ Beccaria : « Je vous donne avis que je viens de remettre à la poste un exemplaire du commentaire de votre ouvrage sur les délits et les peines par Monsieur l'Avocat Cristin de Saint Claude, juge des terres de M. de Voltaire, et aidé par M. de Voltaire », *in* Godechot, *op. cit.*, p. 42.

l'ouvrage des délits et des peines ». Voltaire y
développe les thèses de Beccaria pour instruire le
procès de la justice criminelle en France.

Cette attitude de Voltaire, son enthousiasme à
la lecture de Beccaria, n'avaient rien de singulier.
Sans doute était-il le plus engagé des philosophes
dans la lutte contre l'arbitraire et l'inhumanité de
la justice pénale de l'Ancien Régime. Mais les
principes de l'ordonnance criminelle de 1670 : le
secret des procédures, le refus de l'assistance
d'un avocat, le recours à la torture, la cruauté des
châtiments révoltaient les esprits formés par les
Lumières et les cœurs émus à la lecture de *La
Nouvelle Héloïse*[1].

Déjà au XVIIᵉ siècle, l'abbé Fleury, précepteur
du duc de Bourgogne, Augustin Nicolas, Président au Parlement de Dijon et surtout La
Bruyère avaient condamné la pratique de la
question. Au XVIIIᵉ siècle, la critique s'était faite
plus âpre. Montesquieu dans les *Lettres persanes*,
Rousseau dans le *Contrat social*, le chevalier de
Jaucourt dans *L'Encyclopédie*, avaient dénoncé
les procédures employées et les châtiments prati-
qués.

L'exemple de l'Angleterre, avec ses garanties
assurées aux justiciables par l'Habeas corpus, la
procédure publique, les droits de la défense, le

---

1. Cf. A. Esmein, *Histoire de la procédure criminelle en
France*, reprints Verlag Sauer et Auvermann, Francfort-sur-
le-Main, 1969, pp. 350 et 356. Seul le Président Lamoignon
s'était opposé à l'usage de la torture lors de la discussion de
l'Ordonnance de 1670.

jury composé de citoyens, rendaient insupportable aux esprits éclairés la procédure inquisitoriale
de l'Ordonnance de 1670. Quant aux supplices,
seul moment public de la justice criminelle, leur
cruauté et leur diversité nées des coutumes et de
l'invention des juges répugnaient à la raison et à
la sensibilité. La justice criminelle, par son
archaïsme, ses inégalités et son arbitraire en était
arrivée à symboliser jusqu'à l'outrance les vices
du despotisme royal. A travers la dénonciation de
la justice, le système politique tout entier était
mis en cause. Ainsi la critique radicale faite par
Beccaria de la justice criminelle, parce qu'elle
était à la fois philosophique dans sa démarche et
politique dans ses conséquences, devait susciter à
Paris un écho particulier. Il est significatif que ce
soit Malesherbes, Président de la Cour des Aides,
fils du chancelier Lamoignon, très lié aux encyclopédistes qui ait invité l'abbé Morellet à tra-
duire « Dei delitti et dei poeni » en français. Car
si tous les esprits éclairés étaient convaincus de la
nécessité d'une réforme judiciaire radicale, les
principes sur lesquels édifier la justice nouvelle
n'étaient pas encore formulés. Dans ce domaine,
Beccaria avait des inspirateurs plutôt que des
prédécesseurs.

Quand Montesquieu, en effet, dans le
Livre XII de *L'Esprit des lois*, traite des lois
pénales, c'est plus pour éclairer leurs rapports à
la liberté des citoyens que pour en formuler la
théorie générale. Sans doute Beccaria reprend le
propos célèbre : « C'est de la bonté des lois
criminelles que dépend principalement la liberté

du citoyen[1]. » Mais il inverse la perspective. Pour Beccaria, c'est de la liberté du citoyen et de la bonté des institutions politiques que dépend la qualité de la législation criminelle. Comme l'écrit Garat, aimable écrivain de la fin de l'Ancien Régime et ministre de la Justice lors du procès de Louis XVI : « C'est Beccaria qui a tiré cette grande conclusion que les crimes ne peuvent être prévenus, et les lois criminelles justes et bonnes que lorsque l'organisation sociale tout entière est refaite dans un siècle de vraies Lumières[2]. »

Si la liberté politique est la première condition d'une bonne justice, le combat pour la Justice passe par la victoire de la Liberté. « La vérité [...] m'a forcé à suivre les traces lumineuses de ce grand homme [Montesquieu], écrit Beccaria. Mais ceux qui réfléchissent et pour lesquels j'écris sauront distinguer mes pas des siens[3]. »

La démarche n'est pas différente au regard de Rousseau. L'influence de celui-ci sur Beccaria est certaine, même si elle demeure inavouée[4].

Pour Beccaria, les lois sont l'expression du

1. *Esprit des lois*, Livre XII, chap. 2.
2. D. Y. Garat, *Mémoires historiques sur la vie de Mr. Suard, sur ses écrits et sur le XVIII^e siècle*, Belin, 1829, t. II, p. 207.
3. Introduction de l'auteur, *infra*, p. 61.
4. Il est remarquable à cet égard de noter que dans sa lettre à Morellet de mai 1766, Beccaria mentionne avec chaleur le tribut intellectuel qu'il doit aux encyclopédistes, mais ne mentionne pas Rousseau.

contrat social fondateur[1]. Reste à assurer leur respect par « des moyens sensibles » qui contrebalanceront les fortes impressions des passions individuelles s'opposant à l'intérêt général. « Ces moyens sensibles, écrit Beccaria, ce sont les peines établies contre ceux qui enfreignent les lois[2]. » Ainsi le contrat originel fonde la société, les lois définissent les conditions du pacte social, les peines en assurent le respect.

Mais si Beccaria fonde ainsi sur le *Contrat social* le droit de punir, il développe une théorie originale de la peine. Celle-ci n'est pas la simple conséquence de la rupture du pacte social qui ferait du délinquant un exclu de la société[3]. La peine n'est pas la mise hors la loi. Elle est la garantie de la loi. Sa fonction n'est pas d'exclusion ou d'élimination du coupable, mais de défense ou de protection de la société. La nature et la mesure de la peine doivent donc être définies en fonction de son utilité sociale. L'influence de Hume et Helvétius, que Beccaria cite au rang de ses maîtres à penser, contrebalance celle de Rousseau. Comme l'écrit Franco Venturi,

1. Cf. Beccaria : « Les lois sont les conditions sous lesquelles des hommes indépendants et isolés s'unirent en société. Fatigués de vivre dans un état de guerre continuel et dans une liberté rendue inutile par l'incertitude de la conserver, ils sacrifièrent une partie de cette liberté pour jouir du reste avec plus de sûreté et de tranquillité. » *Des délits et des peines, infra*, § 1, Origine des peines, p. 61.

2. *Ibid.*, p. 62.

3. Cf. Rousseau, *Du contrat social*, Livre II, chapitre V, « Du droit de vie ou de mort ».

« Entre ces deux pôles vibre sa vision de la loi et de la réalité sociale[1]. »

De même Beccaria considère le problème du crime et de la peine non pas en termes de Bien et de Mal, de religion ou de morale, mais en fonction du seul intérêt social. Le débat sur la justice est pour lui entièrement séculier.

Il souligne qu'il « ne parle pas ici de cette autre justice qui émane de Dieu et qui a ses rapports particuliers et immédiats avec les peines et récompenses de la vie future[2] ». Il ramène le débat sur la justice criminelle du ciel sur la terre. Il le libère de toute emprise religieuse. Il laïcise la justice, lui assignant sa véritable dimension, celle d'une institution sociale qui, sans doute « exerce une influence immense sur le bonheur de chacun[3] », mais qui relève de la cité terrestre, et non de la cité de Dieu. Avec Beccaria, la justice n'est qu'humaine. Sans doute, par prudence ne dénonce-t-il pas explicitement le crime d'hérésie, « un genre de délits dont la répression a inondé l'Europe de sang[4] ». Il s'en excuse d'ailleurs auprès de ses lecteurs qui « verront que le pays où je vis, le siècle où j'écris, la matière que je traite ne me permettent pas d'examiner la nature

1. Franco Venturi, Introduction à Des délits et des peines, op. cit., p. XV.
2. Cf. Des délits et des peines, infra, § II, Droit de punir, p. 64-65.
3. Ibid, p. 64.
4. Infra, § XXXIX, D'un genre particulier de délits, p. 165.

d'un tel délit[1] ». Au moins le prudent Milanais évoque avec émotion le spectacle de « ces funestes bûchers dont les flammes étaient alimentées de corps vivants[2] ». Beccaria, pour sa part, se borne à traiter « des délits qui sont le fait de l'homme naturel et qui violent le pacte social[3] ». D'où la force et l'originalité d'une pensée, sur la justice qui n'est plus entravée par des considérations religieuses. Et l'enthousiasme qui saisit les hommes des Lumières à la lecture d'un livre qui utilise leurs principes et leur méthode pour éclairer un domaine où plus qu'ailleurs leur paraît régner encore la barbarie des siècles passés.

*
**

Cette approche nouvelle à la pénalité, fondée sur la Raison et non plus sur la Divinité, permet à Beccaria de s'avancer beaucoup plus loin que ses prédécesseurs sur la voie de l'abolition de la peine de mort. Beccaria à cet égard se détache de Rousseau qui fonde sur la théorie du contrat social le droit de mettre à mort le criminel qui l'a violé[4]. Non sans ajouter : « On n'a le droit de

1. *Ibid.*, p. 165.
2. *Ibid.*, p. 165.
3. *Ibid.*, p. 166.
4. « Tout malfaiteur attaquant le droit social devient par ses forfaits rebelle et traître à la patrie. Il cesse d'en être membre en violant ses lois, et même il lui fait la guerre. Alors la conservation de l'Etat est incompatible avec la sienne : il faut que l'un d'eux périsse : et quand on fait

faire mourir, même pour l'exemple, que celui qu'on ne peut conserver sans danger[1]. » Restriction, on en conviendra, qui limite considérablement le champ d'application de la peine de mort. Pour Beccaria au contraire, le contrat social ne saurait la justifier : « qui aurait eu l'idée de concéder à d'autres le pouvoir de le tuer ? [...] Et quand cela serait, comment concilier ce principe avec celui qui refuse à l'homme le droit de se tuer lui-même ? Et, n'ayant pas ce droit, comment pourrait-il l'accorder à un autre ou à la société[2] ? ».

S'étant ainsi libéré, assez laborieusement il est vrai, des pesanteurs du contrat social, Beccaria pose le problème de l'abolition en termes d'utilité sociale : « Si je prouve, écrit-il, que cette peine n'est ni utile ni nécessaire, j'aurai fait triompher la cause de l'humanité[3]. » Il la soutient en effet avec éclat. D'abord en déniant toute valeur dissuasive à la peine de mort : « L'expérience de tous les siècles, où le dernier supplice n'a jamais empêché des hommes résolus de nuire[4]. » En analysant l'effet de l'exécution sur le public : « Pour la plupart des gens la peine de mort est un spectacle et, pour quelques-uns, l'objet d'une

---

mourir le coupable, c'est moins comme citoyen que comme ennemi. » *Du contrat social*, Editions sociales, Paris, 1963, pp. 90-91.
  1. *Ibid.*, p. 91.
  2. Cf. *infra*, § XXVIII, De la peine de mort, p. 126.
  3. *Ibid.*, p. 126.
  4. *Ibid.*, p. 127.

compassion mêlée de mépris[1] », dans les deux
cas « la terreur salutaire que la loi prétend
inspirer »[2] n'est pas atteinte. Pour la susciter
puisqu'il s'agit moins pour Beccaria de compassion pour le criminel que d'efficacité répressive il
faut prendre en considération un élément déci-
sif : la durée du châtiment : « Le frein le plus
puissant pour arrêter les crimes n'est pas le
spectacle terrible, mais momentané de la mort
d'un scélérat, c'est le tourment d'un homme
privé de sa liberté, transformé en bête de
somme. » Et d'évoquer « les fers et les chaînes »,
le « bâton » et le « joug », la « cage de fer », une
« vie entière de captivité et de douleur[3] ». Il est
difficile à lire ces lignes de voir en Beccaria le
père des philanthropes du XIXe siècle qui obstiné-
ment rêveront d'une pénalité carcérale moins
douloureuse que réformatrice, et pour lesquels la
finalité de la prison ne se résume pas à l'expiation
et à la dissuasion, mais implique la transformation du condamné et sa régénération. L'argumentation de Beccaria demeure fondamentalement
utilitariste. La peine de mort doit disparaître
parce qu'elle est l'expression d'une justice archaï-
que, voire barbare, et s'avère inutile : « Les
travaux forcés à perpétuité, substitués à la peine
de mort, ont toute la sévérité voulue pour
détourner du crime l'esprit le plus déterminé[4]. »

1. *Ibid.*, p. 129.
2. *Ibid.*, p. 129.
3. *Ibid.*, p. 132.
4. *Ibid.*, p. 129.

C'est d'ailleurs parce que Beccaria pose la question de la peine de mort en termes d'utilité plus que de principes moraux ou de préceptes religieux qu'il apporte une exception à l'abolition : « Si, quoique privé de sa liberté, [un citoyen] a encore des relations et un pouvoir tels qu'il soit une menace pour la sécurité de la nation, et si son existence peut provoquer une révolution dangereuse pour la forme du gouvernement établi [sa] mort devient donc nécessaire [...] dans une époque d'anarchie, quand c'est le désordre qui fait la loi[1]. » Déjà s'esquisse dans ces lignes la démarche des membres du Comité de législation criminelle de la Constituante, qui prôneront l'abolition de la peine de mort pour les crimes de droit commun, mais souhaiteront la conserver en matière politique[2].

Cependant pour apprécier l'audace du discours abolitionniste de Beccaria, il faut conserver présent à l'esprit ce qu'étaient en 1765 les lois criminelles et les pratiques judiciaires. Dans toute l'Europe, hormis en Russie, où Elisabeth puis Catherine ont préféré la déportation en Sibérie à l'exécution des condamnés, partout règne l'éclat des supplices : décollation, pendaison, écartèlement, garrot, roue, bûcher. La législation multiplie les cas de peine de mort, du vol domestique au régicide, de l'infanticide au

1. *Ibid.*, p. 127.
2. Cf. R. Badinter, « Beccaria, l'abolition de la peine de mort et la Révolution française », *Revue de science criminelle*, 1989, pp. 245-246.

sacrilège. Sans doute, les supplices font horreur à l'opinion éclairée, par leur inutile cruauté. « Dans les Etats modérés, écrit Montesquieu, on craint plus de perdre la vie qu'on ne redoute la mort elle-même. Les supplices qui ôtent simplement la vie y sont donc suffisants[1]. » Mais jusqu'à Beccaria, nulle grande voix ne s'était élevée pour demander qu'on abolisse la peine de mort elle-même. De cette audace novatrice, l'honneur lui revient tout entier.

*<br>**

Il serait cependant artificieux d'isoler dans l'œuvre de Beccaria la cause de l'abolition de la peine de mort. Elle n'est que l'expression la plus saisissante d'une conception globale de la loi pénale.

Cette pensée est d'abord une pédagogie de la liberté. Si Beccaria se rallie à la thèse du contrat social, il souligne que chacun n'a voulu céder de sa liberté que la plus petite portion possible, celle qui suffit à engager les autres à le défendre. « *L'ensemble de ces plus petites portions possibles constitue le droit de punir*[2]. » Jusque-là, rien de bien original dans l'analyse. L'essentiel vient immédiatement après : « Tout ce qui s'y ajoute est abus et non justice, c'est un fait, mais ce n'est déjà plus un droit [...] Par *justice*, je n'entends

---

1. *L'Esprit des lois*, Livre XII, chapitre 4.
2. *Infra*, § II, Droit de punir, p. 64.

rien d'autre que le lien nécessaire pour maintenir l'union des intérêts particuliers, lesquels sans lui retomberaient dans l'ancien isolement social ; *toutes les peines qui outrepassent la nécessité de conserver ce lien sont injustes par nature* [1]. » Ainsi la peine cesse d'être l'expression d'un pouvoir politique qui en détermine à son gré la nature et l'étendue. Elle n'est plus que l'expression d'une nécessité sociale strictement appréciée, parce que la liberté des citoyens ne peut être limitée que dans la mesure étroite où cette limitation est absolument indispensable à la conservation de la société. Avant Beccaria, la peine était l'expression d'un pouvoir souverain, qui se manifestait dans « l'éclat des supplices ». Avec Beccaria, elle n'est plus qu'une exigence sociale, née d'une concession minimale de la liberté des citoyens et nécessaire pour garantir celle-ci. La liberté — et non le pouvoir — est désormais à l'origine du droit de punir. Elle lui donne son fondement, et lui assigne ses limites. La peine exprime ainsi l'exacte mesure de la liberté des citoyens. Que la peine soit arbitraire ou simplement excessive, et le pacte social est violé, la liberté atteinte. Cette liaison entre liberté et pénalité posée par Beccaria est véritablement révolutionnaire. La justice criminelle cesse d'être l'orgueilleux apanage du souverain, elle cesse d'exprimer ce « pouvoir vraiment royal de juger » que rappelait Louis XV aux magistrats du Parlement lors d'un lit de

_____

1. *Ibid.*, souligné par nous, p. 64.

justice. « Les peines sont d'autant plus justes, écrit Beccaria, que la sûreté est plus sacrée et inviolable, et plus grande la liberté que le souverain laisse à ses sujets [1]. »

Dans cette conception de la peine réside la source de l'influence de la pensée de Beccaria. Car ses conséquences contredisent radicalement les principes judiciaires consacrés en son temps. Les peines étaient arbitraires, c'est-à-dire laissées à l'invention et à la discrétion du juge. Injustice, répond Beccaria, puisque « les lois seules peuvent déterminer les peines des délits et [...] ce pouvoir ne peut résider qu'en la personne du législateur, qui représente toute la société unie par un contrat social [2]... » C'est l'affirmation du principe de la légalité des peines.

Le juge n'est pas législateur. Il doit appliquer la loi, non la créer ni même l'interpréter. D'où l'exigence que les lois soient écrites, claires et ordonnées [3], pour que le juge n'ait pas à se fonder sur « l'esprit de la loi » qui ouvre la porte à l'arbitraire judiciaire.

La peine a pour fonction de prévenir « tous les désordres engendrés par la lutte universelle que

1. *Ibid.*, p. 63.
2. *Infra*, § III, Conséquences, p. 65.
3. « Si l'interprétation des lois est un mal, l'obscurité qu'entraîne cette interprétation en est évidemment un autre qui sera encore bien plus grand si les lois sont écrites en un langage étranger au peuple et qui le met dans la dépendance d'un petit nombre d'hommes. » *Infra*, § V, Obscurité des lois, p. 70.

se livrent les passions humaines [1] ». Il convient
donc que les peines soient d'autant plus sévères
que le délit paraît plus nuisible au bien public.
C'est la règle de la proportionnalité de la loi.

Enfin, alors que partout en Europe, les
condamnés enduraient mille souffrances, que des
échafauds dressés sur les places publiques mon-
taient les cris des suppliciés, Beccaria écrit : « La
cruauté des peines est contraire à la justice et à la
nature même du contrat social. » Proposition
essentielle. Les supplices sont condamnés non
seulement pour leur inhumanité, mais pour leur
*injustice*. Dès l'instant où la rigueur du châtiment
dépasse sa nécessité strictement appréciée, alors
la peine, par son excès, méconnaît les exigences
de la justice, c'est-à-dire son fondement même.
Elle n'est plus qu'arbitraire et barbarie. Près de
deux siècles avant la Déclaration universelle des
droits de l'homme, Beccaria proclamait ainsi le
principe que nul châtiment ne doit être « cruel,
inhumain, dégradant [2] ». Il ouvrait la voie à la
pénalité moderne, en recourant à une pédagogie
de la liberté appliquée à un domaine jusque-là
ignoré d'elle. Il suffit pour mesurer cette moder-
nité de relire les dernières lignes du *Traité* : la
« peine doit absolument être publique, prompte,
nécessaire, la moins sévère possible dans les
circonstances données, proportionnée au délit et
déterminée par la loi [3]. » Il n'y a pas deux siècles

---

1. *Infra*, § VI, Proportion entre les délits et les peines, p. 72.
2. Déclaration universelle des droits de l'homme, Art. 5.
3. *Infra*, § XLVII, Conclusion, p. 179.

plus tard un mot à retrancher. Simplement, il
nous faut constater que la pratique judiciaire ne
satisfait pas toujours ni partout, tant s'en faut, les
principes posés par Beccaria.

*
* *

On comprend dès lors l'accueil enthousiaste
que reçut l'œuvre de Beccaria à Paris, dans la
traduction très libre de Morellet[1]. Certes, la
dénonciation de la torture répondait aux exigences d'une société plus sensible. Mais l'essentiel pour les contemporains était moins dans la
condamnation de la barbarie judiciaire que dans
la conception d'une justice pénale fondée sur la
liberté, gouvernée par la raison et satisfaisant aux
exigences de l'humanité. Les philosophes des
Lumières voyaient leurs principes poussés jusqu'à leur terme dans un domaine où la nécessité
et l'urgence des réformes s'imposaient à l'opinion
publique éclairée.

Il est significatif que le concert de louanges fut
unanime — ou presque — chez les encyclopédistes. Morellet, adressant sa traduction à Becca-

---

1. L'abbé Morellet n'hésita pas à modifier l'ordre des
chapitres et à remodeler leur contenu, pour établir dans
l'œuvre « l'ordre le plus naturel ». Ainsi fit-il passer le
chapitre XXVII de l'original « De la peine de mort » au
chapitre XVI de la traduction. Pareille audace fut âprement
critiquée par Grimm et par Diderot qui écrit : « l'abbé
Morellet a bien tué l'ouvrage dans sa traduction », *in*
Venturi, *op. cit.*, p. 405.

ria, rapporte les éloges de Buffon, Helvétius et
Diderot [1] de l'ouvrage [2]. On sait l'accueil favorable de Grimm [3]. Et celui, plus enthousiaste
encore de Voltaire qui ne se démentira jamais. Le
26 juillet 1770, Mazzuchelli écrit à Beccaria pour
lui raconter sa récente visite à Ferney, où séjour-
nent d'Alembert et Condorcet. « Ah, Monsieur le
Marquis, que vous êtes heureux ! Tout le monde
retentit de vos justes louanges. M. d'Alembert
qui n'a jamais cessé d'en dire de même, le comte
d'Orcé [Condorcet] qui est avec lui, le Père
Adam... L'on souhaite vos ouvrages, l'on souhaite de vous voir. » En 1777, presque au terme
de sa vie, Voltaire publie le « Prix de la justice et
de l'humanité ». Il y reprend l'argumentation de

---

1. Dans ses observations sur *Des Délits et des peines*,
Diderot approuve les vues de Beccaria sur la peine de mort
d'un point de vue purement utilitariste : « Un dur et cruel
esclavage est une peine préférable à la peine de mort,
uniquement parce que la peine en est plus efficace », *in*
Venturi, *op. cit.*, p. 404. Malgré des réserves, Diderot
considère qu'il s'agit là « d'un bel ouvrage, plein de génie et
de vertu », *ibid.*, p. 405. En 1771, Diderot est plus critique : « J'admire le fonds inépuisable d'humanité qui l'a
dicté. Je révère l'auteur [...] Cependant il s'en manque de
beaucoup que je crois l'ouvrage *Des délits et des peines* aussi
important, ni le fonds des idées aussi vrai qu'on le prétend. » *In* Venturi, *op. cit.*, p. 406.
2. *In* Venturi, *op. cit.*, p. 347.
3. Grimm cependant critique le rousseauisme de Beccaria. Cf. *Correspondance littéraire* du 1er décembre 1765 :
« Déchirez hardiment ce contrat social qui n'exista jamais et
dont l'idée n'a épargné ni un crime ni une plaie au genre
humain. » *In* Venturi, *op. cit.*, p. 345.

Beccaria contre la peine de mort : « Vous qui travaillez à réformer ces lois, voyez avec le jurisconsulte Beccaria, s'il est bien raisonnable que pour apprendre aux hommes à détester l'honnêteté, des magistrats soient homicides et tuent un homme en grand appareil. Voyez s'il est nécessaire de le tuer quand on peut le punir autrement [1]. »

L'accueil du parti philosophique au livre de Beccaria fut si enthousiaste que ses adversaires murmurèrent que l'ouvrage avait été conçu à Paris dans le cercle des encyclopédistes et que Beccaria n'était que l'agent complaisant d'une machination politique destinée à ruiner les fondements de la justice criminelle. Grimm se gaussait de cette rumeur : « Les ennemis de la philosophie ont prétendu que le livre *Des délits et des peines* a été fabriqué en France : qu'ensuite, il a été envoyé en Italie pour y être traduit en italien, et publié en cette langue, afin de pouvoir être traduit en français. Ils disent que c'est là une nouvelle ruse que les philosophes de France ont imaginée pour répandre leurs opinions dangereuses [2]... »

Le propos est révélateur [3]. L'ouvrage de Becca-

---

1. *In* Venturi, *op. cit.*, p. 489. Voltaire fait cependant réserve de la peine de mort dans un cas : « celui où il n'y aurait pas d'autre moyen de sauver la vie du plus grand nombre ».

2. *In* Venturi, *op. cit.*, p. 341.

3. Linguet, avocat et publiciste, fort hostile au *Traité des délits et des peines*, se fit le porte-parole de cette légende en narrant comment, après l'affaire Calas, Condorcet, agissant

ria, au-delà de son importance philosophique
énonçait les principes d'une justice nouvelle. Le
modèle judiciaire anglais était admiré en France,
mais il était le fruit d'une tradition nationale.
Beccaria, au contraire, offrait un projet pénal
dont les règles, fondées sur la raison et l'humanité, paraissaient universelles. D'où, au sein du
monde judiciaire, la tempête qui s'éleva aussitôt à
propos de l'ouvrage de Beccaria entre tenants de
la tradition et partisans des réformes.

Dès sa publication, Turgot et Malesherbes
avaient accueilli avec faveur le livre. A l'automne
de 1766, alors que Beccaria séjournait à Paris,
Michel Servan, avocat général au Parlement de
Grenoble, très lié avec Voltaire auquel il avait
rendu visite en 1765, prononça à la rentrée
solennelle du Parlement de 1767 un discours sur
« l'administration de la justice criminelle » qui fit
sensation. Le haut magistrat y faisait sienne les
thèses de Beccaria et réclamait fermement l'abolition de la torture, de l'interrogatoire sur la
sellette, du système des « preuves légales » et
même de la peine de mort [1]. Ce discours prononcé devant « un millier de provinciaux nichés
dans les montagnes des Allobroges [2] » fut
imprimé et connut un large écho.

_____

pour le compte des encyclopédistes aurait adressé à Milan,
au comte Verri, une lettre lui suggérant cette machination
philosophico-politique. Cf. *Annales politiques et littéraires*,
vol. V, pp. 393 et suiv., Paris, 1789.

1. Cf. J. Godechot, *op. cit.*, p. 46.

2. Lettre de Michel Servan à l'abbé Morellet, 5 janvier
1767, *in* Venturi, *op. cit.*, p. 431.

Les conservateurs réagirent avec violence. En 1767, un célèbre jurisconsulte, Muyart de Vouglans, avocat au Parlement de Paris, publia une réfutation de l'ouvrage de Beccaria. Il s'indigne de la prétention de « ce prétendu illuminé aux yeux duquel les Solon, les Lycurgue, les Justinien, les Papiniens, les Cujas, en un mot les plus sages philosophes de la Grèce, de l'Italie et de la France ne sont que de purs sophistes [1] ». Il ajoute, méprisant : « Le sentiment dont j'ai été le plus affecté après avoir lu quelques pages de cet ouvrage est celui de la surprise pour ne rien dire de plus [2]. » Muyart de Vouglans défend les dispositions de l'Ordonnance de 1670. Il déclare absurde le principe de l'égalité devant les peines, soutient que tout accusé doit prêter serment, et surtout se déclare hautement partisan de la torture : « pour un exemple que l'on pourrait citer depuis un siècle d'un innocent qui ait cédé à la violence du tourment, l'on serait en état d'en justifier un million d'autres qui servent à justifier que, sans le secours de cette voie, la plupart des crimes atroces, tels que l'assassinat, l'incendie, le vol de grands chemins seraient restés impunis [3]... » De même, l'avocat et publiciste Linguet, pourtant moins conservateur que Muyart de Vouglans publie en avril 1770 un « Fragment

1. Lettre contenant la réfutation de quelques principes hasardés dans le *Traité des délits et des peines*, in Esmein, *Histoire de la procédure criminelle en France*, op. cit., p. 372.
2. *Ibid.*
3. *In* Esmein, *op. cit.*, pp. 374-375.

d'une lettre à l'auteur du *Traité des délits et des peines*[1] » fort critique où il défend notamment la peine de mort. Et le jurisconsulte Jousse, dans son *Traité de la Justice criminelle* publié en 1774, se montre également très hostile à « ces idées nouvelles qui n'iraient à rien moins qu'à renverser ces lois reçues jusqu'alors parmi les Nations les plus policées[2]... »

Jusqu'à la fin de l'Ancien Régime le débat sur la justice criminelle ira s'amplifiant[3]. Les grandes affaires se succèdent qui mettent cruellement en lumière les vices profonds de la justice criminelle. Des « Mémoires » en faveur d'accusés injustement condamnés, rédigés par les meilleurs avocats, mobilisent l'opinion publique. Ils font référence aux principes de Beccaria. La réforme pénale est proposée comme sujet de concours par les Académies provinciales. Le publiciste Brissot triomphe en 1783 au concours de l'Académie de Châlons-sur-Marne[4] sur le thème : « Les moyens d'adoucir la rigueur des lois pénales sans nuire à la sûreté publique. » L'année suivante, sur un

1. Cf. *Traité des délits et des peines*, Préface de Casamayor, édition Champs, Flammarion, Paris, 1979, pp. 195 et suiv.

2. *In* Esmein, *op. cit.*, p. 314.

3. Cf. notamment Mably, *De la législation ou principes des lois*, 1776. Bergasse, *Discours sur l'honnêteté des juges dans l'Administration de la justice criminelle*, 1776. Marat, *Plan de législation criminelle*, 1776. Bernardi, *Principes des lois criminelles*, Paris, 1788.

4. Cf. Jean Imbert, « La peine de mort et l'opinion au XVIIIe siècle », *Revue de science criminelle et de droit pénal comparé*, 1964, p. 521.

autre sujet judiciaire, Brissot remporte encore le prix. En 1783, l'Académie de Metz propose de couronner les meilleurs ouvrages contre les peines infamantes. Lacretelle, futur secrétaire de Malesherbes, et Robespierre, sont couronnés. Dans tous ces mémoires, les thèses de Beccaria sont largement reprises.

La magistrature conservatrice ne rend cependant pas les armes. En 1785 éclate l'affaire des « trois roués » condamnés au supplice par le Parlement de Paris. Un magistrat éclairé du Parlement de Bordeaux, Dupaty, prend leur défense dans un mémoire retentissant. Condorcet en reprend la substance dans une brochure acerbe contre la justice criminelle[1]. Des poursuites sont ouvertes. L'Avocat général Séguier, les 7 et 8 août 1786, lit son réquisitoire contre le mémoire de Dupaty devant le Parlement de Paris. Il y fait l'éloge de l'Ordonnance de 1670, il stigmatise les « réformateurs uniquement occupés à renverser nos lois sous prétexte de les rapprocher du Code de la nature[2] ». Le Parlement par 59 voix contre 39 ordonne que le mémoire de Dupaty sera lacéré et brûlé par le bourreau. Dupaty et son avocat Legrand de Laleu sont décrétés d'arrestation, et s'enfuient. Dérisoire victoire. Le progrès des idées de Beccaria est désormais irrésistible.

1. Cf. E. et R. Badinter, *Condorcet, un intellectuel en politique,* Fayard, 1988, pp. 206-207.
2. *In* Esmein, *op. cit.,* p. 379.

Malgré l'opposition des Parlements, le gouvernement royal lui-même entreprend de réformer la procédure criminelle. En 1780, la question « préparatoire » infligée à l'inculpé pour arracher ses aveux est supprimée. Mais la question « préalable », celle à laquelle on soumettait les condamnés avant l'exécution, pour leur arracher le nom de leurs complices demeure jusqu'à l'édit du 5 mai 1788. Cet édit comporte d'autres mesures favorables à l'accusé : abolition de l'interrogatoire sur la sellette, interdiction de rendre des sentences non motivées, majorité accrue pour prononcer une condamnation à mort.

Ces progrès paraissaient bien minces aux partisans des réformes judiciaires. Leur timidité contrastait avec l'audace des mesures prises dans d'autres États européens sous l'influence des idées de Beccaria. En Suède, le roi Gustave III abolissait la torture dès le 27 avril 1772, en déclarant que « c'était le livre *Des délits et des peines* qui lui avait appris ce trait d'humanité[1] ». En Toscane, le grand-duc Pierre Léopold promulguait en 1786 un nouveau Code pénal, abolissant la torture et la peine de mort, dont la présentation s'inspirait directement des principes de Beccaria. L'empereur d'Autriche Joseph II suivait le même exemple dans son Code pénal de 1787. En Pologne, à la Diète de 1774, la question de la réforme pénale fut posée et, en 1776, la torture supprimée. En Russie, Catherine souhai-

---

1. Cf. cité par Venturi en Introduction à *Des délits et des peines, op. cit.*, p. XLI.

tait faire venir auprès d'elle Beccaria pour l'assis-
ter dans la réforme pénale qu'elle entendait
réaliser. Beccaria hésita, puis, sur les conseils de
l'abbé Morellet, renonça au voyage [1]. Catherine II n'en publia pas moins des « Instructions à
la Commission sur la rédaction du projet de
nouveau code législatif [2] » qui constituent un
véritable plagiat des écrits de Beccaria. L'Europe
des Lumières tout entière paraissait acquise à ses
principes [3].

Aux Etats-Unis, dont la législation criminelle
avait été à l'origine calquée sur celle de l'Angleterre, la pensée de Beccaria connut d'emblée une
large diffusion grâce aux rapports d'amitié et aux
échanges intellectuels entre les « pères fonda-
teurs » de la Constitution américaine et les philo-

1. Cf. Lettre de Morellet à Beccaria, 23 mars 1767 : « Je
ne comprends pas, mon cher ami, comment vous pouvez
sérieusement demander si vous devez aller en Russie. Dans
votre situation, ce serait une folie... » *In* Venturi, *op. cit.*,
p. 409.
2. Dans les « Instructions » de Catherine II, des
fragments entiers de Beccaria furent inclus. Il s'agissait
d'une habile publicité auprès de l'opinion éclairée. Rien en
fait ne fut changé dans la justice pénale russe. Cf. F. M.
Reschetnikov, « Cesare Beccaria et son influence sur la
justice soviétique », *Actes du Congrès international Cesare
Beccaria et la politique criminelle moderne*, Milan, 1988.
3. L'influence de Beccaria demeura cependant très limitée en Angleterre, fière d'une justice qui servait de modèle
aux esprits éclairés du Continent. Cf. H. Leigh, « The
influence of Cesare Beccaria on criminal proceedings in
England and Wales », *Actes du Congrès international Cesare
Beccaria et la politique criminelle moderne*, Milan, déc. 1988.

sophes français. Dès 1777, *Des délits et des peines*
était publié à Charleston. Et le premier ouvrage
de Voltaire qui parut Outre-Atlantique fut son
*Commentaire*[1]. Thomas Jefferson en particulier
était un ardent partisan des principes de Beccaria. Ils inspirèrent son projet de loi « sur la
proportionnalité des délits et des peines dans les
cas des crimes jusqu'ici capitaux[2] ». Et, dès
1787, commençait en Pennsylvanie la campagne
pour l'abolition de la peine de mort.

**\***
**\*\***

C'est cependant la Révolution française qui
allait donner aux principes de Beccaria la plus
éclatante consécration. Parmi toutes les réformes
demandées dans les cahiers de doléances, celle de
la Justice venait en second, immédiatement après
la réforme fiscale[3]. Certaines revendications
paraissaient directement inspirées par le *Traité
des délits et des peines* : la suppression de la
torture, des supplices odieux à l'humanité, la
modération des peines, leur proportionnalité aux

1. Cf. Paul M. Spurlin, « Beccaria's essay on Crimes and
Punishment in eighteenth century America », *Studies on
Voltaire and the eighteenth century*, ed. Besterman, Genève,
vol. XXVII, 1963, pp. 1489 et suiv.
2. Cf. Thomas Jefferson, *The Papers* by J. P. Boyd,
Princeton University Press, 1950, vol. II, pp. 492 et 494 et
note p. 497.
3. Cf. « Résumé des Cahiers de doléances sur la réforme
judiciaire établie par la Chancellerie », *in* Edmond
Seligman, *La Justice en France pendant la Révolution*, Paris,
1913, t. I, pp. 503-505.

délits, la suppression de la confiscation et de l'infamie qui atteignaient, au-delà du condamné, sa famille. Il est vrai que bon nombre d'avocats et de magistrats avaient collaboré à la rédaction des cahiers de doléances, et que la réforme de la justice criminelle était à leurs yeux une priorité politique et morale. Dans ce milieu plus qu'aucun autre, la pénétration des idées de Beccaria avait été intense. « *Le Traité des délits et des peines*, écrira Roederer en 1798, a tellement changé l'esprit des anciens tribunaux criminels en France, que dix ans avant la Révolution les magistrats des cours — et je puis l'attester puisque je l'étais moi-même — jugeaient plus selon les principes de cet ouvrage que selon les lois[1]. »

L'heure éblouissante de Beccaria vint avec le vote de Déclaration des droits de l'homme. Les principes qu'il avait énoncés : nécessité de la peine, égalité des citoyens devant la justice pénale, principe de légalité, de non-rétroactivité de la loi pénale, de proportionnalité des peines aux délits, ces fondements de la nouvelle législation pénale étaient proclamés Droits de l'homme par la Déclaration. Paradoxalement, le marquis de Beccaria ne devait cependant jamais marquer de sympathie à cette Révolution française qui déclarait universels les principes qu'il avait formulés vingt-cinq ans plus tôt.

---

1. Roederer, lettre adressée à la fille de Beccaria pour l'édition de 1798 de la traduction française, *Des délits et des peines*, in Venturi, *op. cit.*, p. 415.

Après que la loi du 10 octobre 1789 eut supprimé les abus les plus criants de la procédure criminelle, il fallait élaborer la réforme d'ensemble de la législation pénale. Le « Comité de législation criminelle[1] » chargé de le préparer était composé de membres éminents de l'Assemblée, où prévalait notamment depuis janvier 1790 l'influence de Duport et de Le Pelletier de Saint-Fargeau, anciens membres du Parlement de Paris, tous deux ralliés aux idées de Beccaria. Rien n'est plus significatif à cet égard que le rapport sur le projet de Code pénal présenté par Le Pelletier le 23 mai 1791[2]. La pensée de Beccaria y triomphe. Les principes fondamentaux de la pénalité nouvelle sont les siens : « que toute loi pénale soit humaine » ; « les peines, quoique modérées, peuvent être efficaces si elles sont justement proportionnées » ; « que pour chaque délit, soit établie une peine fixe et déterminée » ; « que règne l'égalité des peines[3] ». S'agissant de la peine de mort, Le Pelletier au nom du Comité propose son abolition en reprenant l'argumentation de Beccaria. Il rappelle que

1. Sur l'histoire du « Comité des sept » créé en septembre 1789, qui devint le Comité de législation criminelle après avoir changé huit fois de dénomination et connu plusieurs compositions, voir Roberto Martucci : « Le Parti de la Réforme criminelle à la Constituante », *in* « La Révolution et l'ordre juridique privé, rationalité ou scandale », C.N.R.S., Université d'Orléans, P.U.F., 1987, pp. 229 à 239.

2. *Arch. parlementaires*, t. XXVI, pp. 319 à 345.

3. *Ibid.*, p. 332.

« déjà par une longue expérience, l'inefficacité et l'inutilité de cette peine sont prouvées [1] ». Il faut donc une autre peine qui frappe plus fortement les imaginations et n'emporte pas les effets pervers du spectacle des exécutions capitales. Aux arguments de Beccaria, le Comité de législation en ajoute un autre, inspiré par les affaires criminelles qui avaient sensibilisé l'opinion : le risque d'erreur judiciaire.

En conclusion, le Comité propose une peine de détention de longue durée, subie dans des conditions d'une rigueur extrême : « Le condamné sera détenu dans un cachot obscur, il sera voué à une entière solitude. Son corps et ses membres porteront des fers. Du pain, de l'eau, de la paille, lui fourniront pour sa nourriture et pour son pénible repos l'absolu nécessaire [2]. » Mais le Comité de législation criminelle se montre plus humain que Beccaria. Les sensibilités ont évolué en un quart de siècle. La détention ne sera pas perpétuelle : elle ne « pourra être moindre de douze années ni s'étendre au-delà de vingt-quatre [3] ». Son régime s'adoucira progressivement. Le condamné sera autorisé à travailler deux à trois jours par semaine. Une fois par mois, les portes du cachot seront ouvertes « pour offrir au peuple une imposante leçon. Le peuple pourra voir le condamné chargé de fers au fond de son douloureux réduit ; et il lira tracé, en gros

1. *Ibid.*, p. 326.
2. *Ibid.*, p. 328.
3. *Ibid.*, p. 328.

caractères au-dessus de la porte du cachot, le nom
du coupable, le crime et le jugement[1] ». On
retrouve là l'exigence de Beccaria de la publicité
des peines. Enfin, le Comité admet une exception
à l'abolition. C'est le cas « du chef de parti
déclaré rebelle par un décret du corps législatif.
Ce citoyen doit cesser de vivre, moins pour expier
son crime que pour la sûreté de l'Etat. Tant qu'il
vivrait, il pourrait devenir l'occasion ou le prétexte de nouveaux troubles[2] ». Pour le Comité de
législation criminelle, la peine de mort devait
donc disparaître en droit commun et demeurer
exceptionnelle en matière politique. Là encore, le
Comité épouse les vues de Beccaria.

Tout au long du débat sur l'abolition de la
peine de mort qui s'étend sur trois séances du
30 mai au 1er juin 1791, l'évocation de Beccaria
revient chez les orateurs comme une référence
obligatoire. Le discours de Robespierre lui
emprunte la plupart de ses arguments[3]. Pétion
cite « Beccaria dont le nom seul vaut un éloge[4] ».
Du côté des partisans de la peine de mort, le
premier intervenant, Prugnon, évoque aussi Beccaria « dont chacun sait quel est depuis vingt-
cinq ans l'ascendant de son esprit sur les autres

1. *Ibid.*, p. 328.
2. *Ibid.*, p. 328.
3. Cf. Mario A. Cattaneo, « Beccaria, Robespierre,
Contributo allo studio d'ell Illuminismo guiridico », *Actes du
colloque sur Beccaria*, Académie des sciences de Turin, 1966,
pp. 5 à 12.
4. *Archives parlementaires*, t. XXVI, p. 641.

esprits[1] ». Duport, au nom du Comité de législation, après l'intervention incisive de Brillat-Savarin en faveur de la peine de mort, tente dans un ultime effort d'arracher un vote favorable à l'abolition. Son discours suscite des réactions diverses. Excédé par les clameurs, Duport s'écrie : « Si Montesquieu ou Beccaria était en ce moment dans cette tribune, je demande qui oserait l'interrompre. » Des éclats de rire moqueurs saluèrent cette audacieuse assimilation. Duport ajoute : « c'est cependant leurs idées que je présente[2] ». Cette évocation ne suffit pas à convaincre l'Assemblée. La peine de mort fut maintenue, même si son champ d'application était limité. Le Code pénal de la Révolution voté par la loi du 25 septembre-6 octobre 1791 n'en portait pas moins l'empreinte de Beccaria. Les peines étaient proportionnées aux délits, et modérées au regard des pratiques de l'époque. Les supplices corporels étaient supprimés. Les crimes « imaginaires », magie, sortilège, hérésie, lèse-majesté disparaissaient. Une procédure de réhabilitation des innocents était prévue. La confiscation générale des biens des condamnés, si fermement combattue par Beccaria, était abolie[3].

En matière de procédure criminelle, triom-

1. *Ibid.*, p. 619.
2. *Arch. parl.*, t. XXVI, p. 645.
3. « Les confiscations [...] font retomber le châtiment du coupable sur des innocents qu'elles plongent dans le désespoir et qu'elles forcent à commettre à leur tour des délits. » *Infra*, § XXV, Bannissement et confiscations, p. 118-119.

phaient également les principes de Beccaria : la
torture, les accusations secrètes, le serment des
accusés étaient définitivement proscrits. La procédure publique, le jury à l'anglaise étaient
consacrés. Le juge n'avait plus que le pouvoir
d'appliquer la loi. Et le droit de grâce, contraire à
la souveraineté du législateur, disparaissait.

Lorsque après Thermidor la Convention
décida de remanier la loi pénale, le nouveau Code
préparé par Merlin de Douai fut dénommé
« Code des délits et des peines ». Nul hommage
ne pouvait être plus significatif. Les hommes de
la République affirmaient ainsi la permanence de
leur filiation spirituelle avec le philosophe milanais.

Sans doute le Code pénal de Napoléon de 1810
devait revenir pour partie sur les principes becca-
riens. Un supplice corporel pour les parricides,
dont le poing droit devait être tranché, fut
instauré. La confiscation générale fut rétablie
dans certains cas, le droit de grâce rendu au
souverain ; la liberté de fixer les peines dans les
limites de la loi, reconnue aux juges. Mais, pour
l'essentiel, la conception de la loi pénale demeurait constante : légalité, proportionnalité des
peines aux délits, égalité devant la loi pénale.
L'édifice avait connu des modifications. Mais les
fondements demeuraient inchangés, et Beccaria
en demeurait le premier architecte. Si l'on considère que la Belgique, la Hollande, l'Allemagne
rhénane, la Suisse, l'Italie, l'Espagne adoptèrent
pendant la période révolutionnaire et impériale,
comme modèle, avec des variations plus ou moins

sensibles, la législation criminelle de la France, et que l'Autriche et la Prusse avaient été dès le XVIII<sup>e</sup> fortement marquées par l'influence de la pensée de Beccaria[1], le *Traité des délits et des peines* apparaît ainsi comme la source la plus importante des progrès réalisés au XIX<sup>e</sup> siècle en Europe continentale dans la législation criminelle.

*<br>* *

Et de nos jours ? Que demeure-t-il des *Délits et des peines*, au-delà d'une référence classique au fondateur de la pénalité moderne ? De façon surprenante, jamais son influence n'aura été plus grande en Europe occidentale.

Notre époque, en effet, a connu une révolution juridique tranquille. Pendant longtemps, les droits fondamentaux des citoyens et leurs garanties ont été proclamés dans des Déclarations majestueuses, mais de portée purement philosophique ou politique. Ou bien ils ont fait l'objet de simples dispositions législatives. Depuis la guerre, et l'écrasement des régimes totalitaires, le triomphe de l'idéologie des droits de l'homme a entraîné l'adoption de Déclarations ou des Conventions internationales proclamant la prééminence de ceux-ci, élargissant leur domaine et renforçant leurs garanties. A ces droits solennellement proclamés, les Etats démocratiques ont voulu attacher une valeur juridique supérieure, constitutionnelle ou internationale, qui les place

1. Cf. Venturi, Introduction, *op. cit.*, p. XI.

au-dessus des lois ordinaires, afin de mieux
assurer leur protection. Or dans ces Déclarations
ou Conventions, les libertés judiciaires figurent
toujours en bonne place. Leurs principes ont
ainsi acquis force constitutionnelle ou rang de
garanties internationales.

Il suffit pour mesurer cette transformation de
considérer la scène française. La Déclaration des
droits de l'homme de 1789 a cessé d'être un
simple texte de référence politique. Elle a été
déclarée partie intégrante de la Constitution par
le Conseil constitutionnel, en 1971. Depuis lors,
celui-ci veille à ce que les lois votées respectent
les principes judiciaires inscrits dans la Déclaration des droits de l'homme. Ainsi le Conseil
constitutionnel a-t-il été amené à déclarer non
conformes à la Constitution des dispositions
législatives qui avaient méconnu les principes de
légalité, de nécessité ou de proportionnalité des
peines, ou d'égalité des justiciables devant la loi.

Plus remarquable encore est l'influence internationale des principes de Beccaria[1]. La Déclaration universelle de 1948, la Convention européenne de sauvegarde des droits de l'homme de
1950, le Pacte de l'ONU sur les droits civils et
politiques de 1966, la Convention américaine de
1969, la Charte africaine de 1981, ces textes et
d'autres encore constituent la trame protectrice
des libertés dans le monde. Tous ces instruments

---

1. Sur cette influence dans diverses législations criminelles, cf. Congrès international « Cesare Beccaria et la politique criminelle moderne », Milan, déc. 1988.

internationaux consacrent, comme principes fondamentaux de la justice criminelle, les règles
formulées par Beccaria. En Europe, la Commission et la Cour européenne des droits de l'homme
à Strasbourg assurent particulièrement le respect
des règles définies dans *Des délits et des peines*
inscrites dans la Convention européenne de
1950 [1]. Les citoyens européens tirent de cette
Convention et de la jurisprudence de la Cour de
Strasbourg une protection renforcée de leurs
droits fondamentaux devant la justice criminelle.
Le juriste européen constate ainsi l'actualité
d'une œuvre vieille de plus de deux siècles. Et il
songe à la lettre écrite par Voltaire à Beccaria, le
30 mai 1768 : « Votre ouvrage, Monsieur, a fait
du bien et en fera. Vous travaillez pour la Raison
et l'Humanité [2]... »

Robert BADINTER.

1. Cf. Mireille Delmas-Marty : « Le rayonnement international de la pensée de Cesare Beccaria », Revue de science
criminelle et de droit pénal comparé, 1989, pp. 252 à 260.
2. *In* Venturi, *op. cit.*, p. 450.

# NOTE DU TRADUCTEUR

La présente traduction a été faite d'après l'édition italienne procurée par Franco Venturi (voir Bibliographie).

Nous nous sommes efforcé avant tout de donner de ce texte une traduction fidèle. C'est dire que nous nous sommes sensiblement écarté des traductions anciennes qui, bien souvent, sacrifient l'exactitude à des conventions d'élégance, sans parler des transpositions considérables que plusieurs d'entre elles, à l'exemple de Morellet, le premier traducteur, ont fait subir à l'ordre des paragraphes. Il n'est que juste, cependant, de reconnaître l'aide que nous avons trouvée, pour quelques passages malaisés, dans deux de ces traductions en particulier :

— *Traité des Délits et des Peines*. Traduit de l'italien de *BECCARIA*. Nouvelle édition, à Neuchâtel, 1797.

— *Des Délits et des Peines*, par *BECCARIA*. 2ᵉ éd., avec une introduction et un commentaire, revus et augmentés de notes nouvelles, par *M. FAUSTIN HELIE*, membre de l'Institut, conseiller à la Cour de cassation. Paris, Guillaumin & Cie, libraires, 1870.

M. C.

# DES DÉLITS ET DES PEINES

> *In rebus quibuscumque difficilioribus non expectandum ut quis simul et serat et metat, sed praeparatione opus est, ut per gradus maturescant.*
>
> BACON, *Serm. fidel.*, n° XLV[1].

1. Dans le texte anglais des *Essais* de Bacon, dont les *Sermones fideles* cités ici par Beccaria sont une traduction, ce passage a la teneur suivante : « In all negociations of difficulty, a man may not look to sow and reap at once, but must prepare business, and so ripen it by degrees. » Ce qui revenait à dire, ainsi que l'entendaient déjà quelques contemporains de Beccaria, qu'on ne pouvait espérer en une réforme immédiate et complète de la législation pénale des différents pays d'Europe, mais qu'il fallait la proposer et la préparer avec constance et fermeté.

# AVIS AU LECTEUR

Quelques restes des lois d'un ancien peuple conquérant, compilés sur l'ordre d'un prince qui régnait à Constantinople il y a douze siècles[1], mêlés ensuite avec des coutumes lombardes et englobés dans le volumineux fatras de commentateurs privés et obscurs : voilà ce qui forme la tradition d'opinions qui, dans une grande partie de l'Europe, porte néanmoins le nom de lois. Et c'est chose funeste, mais commune aujourd'hui, de voir une opinion de Carpzovio[2], un antique usage signalé par Claro[3], un supplice suggéré avec une hargneuse complaisance par Farinaccio[4] passés au rang de lois que suivent sans hésitation ceux qui ne devraient disposer qu'en tremblant de la vie et des biens des hommes.

1. Justinien.
2. Benedict Carpzov (1595-1666), juriste allemand.
3. Giulio Claro (1525-1575), juriste d'Alexandrie du Piémont.
4. Prospero Farinacci (1544-1618), juriste et avocat romain.

Ce sont ces lois, émanation des siècles les plus
barbares, que nous examinons dans ce livre pour
ce qui concerne la jurisprudence criminelle et
dont nous nous permettons d'exposer les abus
aux arbitres de la félicité humaine, dans un style
qui écartera le vulgaire peu éclairé et impatient.
La recherche sincère de la vérité, l'indépendance
à l'égard des idées reçues dont témoigne cet
ouvrage sont un effet du gouvernement doux et
éclairé sous lequel vit l'auteur. Ces grands
monarques, ces bienfaiteurs de l'humanité appré-
cient les vérités exposées par un obscur philosophe avec la vigueur sans fanatisme qu'éveille
seul le recours à la force ou à l'imposture, mais
qu'apaise la raison; les désordres présents, pour
qui en examine bien toutes les circonstances, sont
la satire et le blâme des temps passés, non de
notre siècle ni de ses législateurs.

Si quelqu'un voulait donc m'honorer de ses
critiques, il devrait commencer par bien saisir le
but auquel tend cet ouvrage et qui, bien loin de
diminuer l'autorité légitime, peut servir à l'accroître, si la douceur et l'humanité la justifient
aux yeux de tous, et si les idées ont sur les
hommes plus de pouvoir que la force. Les
critiques malveillantes publiées contre ce livre se
fondent sur des notions confuses et m'obligent à
interrompre un instant des propos qui s'adressent
au lecteur éclairé, afin de barrer le chemin une
fois pour toutes aux erreurs d'un zèle timoré ou
aux calomnies d'une haineuse envie.

Les sources d'où dérivent les principes moraux
qui règlent la conduite des hommes sont au

nombre de trois : la révélation, la loi naturelle et les conventions sociales. On ne saurait comparer la première aux autres, étant donné son but essentiel ; mais elles ont ceci de commun qu'elles conduisent toutes trois au bonheur de cette vie terrestre. Considérer les rapports résultant de la dernière de ces sources ne signifie pas qu'on exclut ceux qui naissent des deux premières, mais celles-ci, bien que divines et immuables, ont été, par la faute des hommes, altérées de mille manières dans des esprits dépravés, du fait de fausses religions et de notions arbitraires du vice et de la vertu ; il semble donc nécessaire d'examiner indépendamment de toute autre considération les effets des conventions purement humaines, que celles-ci soient expressément formulées ou simplement supposées en vue de la nécessité et de l'intérêt général ; sur ce point toutes les sectes et tous les systèmes de morale doivent nécessairement s'accorder, et ce sera toujours une louable entreprise que de contraindre même les plus opiniâtres et les plus incrédules à se conformer aux principes qui poussent les hommes à vivre en société. On peut donc discerner trois classes de vertu et de vice, dans les sphères religieuse, naturelle et politique. Ces trois classes ne doivent jamais être en contradiction entre elles, mais chacune d'elles comporte des conséquences et des obligations particulières. Certaines exigences de la révélation sont étrangères à la loi naturelle, et celle-ci en a d'autres que la loi purement sociale ne connaît pas. Cependant il est spécialement important de dis-

tinguer celles qui résultent de cette loi, c'est-
à-dire des pactes exprès ou tacites des humains,
parce qu'elles marquent les limites de la force qui
peut légitimement s'exercer d'homme à homme
sans intervention marquée de l'Etre suprême. On
peut donc, sans déprécier l'idée de la vertu
politique, la considérer comme variable ; celle
de la vertu naturelle serait toujours claire et
manifeste si elle n'était obscurcie par la faiblesse
ou les passions des hommes ; celle de la vertu
religieuse est toujours une et constante parce
que révélée immédiatement par Dieu et par lui
conservée.

Ce serait donc une erreur d'attribuer à celui
qui traite des conventions sociales et de leurs
conséquences des principes contraires soit à la loi
naturelle soit à la révélation, dont il ne parle pas.
Ce serait une erreur, en parlant de l'état de guerre
précédant l'état de société, de le prendre au sens
de Hobbes, selon lequel cet état ne comporte ni
devoir ni obligation antérieurs, au lieu de le
considérer comme un résultat de la corruption de
la nature humaine et du défaut d'une sanction
expresse. Ce serait une erreur, enfin, de repro-
cher à un écrivain qui examine les effets du pacte
social de ne pas admettre ces effets avant le pacte
lui-même.

La justice divine et la justice naturelle sont par
essence immuables et constantes, puisque le
rapport entre deux objets semblables est toujours
le même, mais la justice humaine ou politique
n'étant qu'un rapport entre l'action et l'état
variable de la société peut varier elle-même dans

la mesure où cette action devient nécessaire ou utile à la société, et on ne peut s'en faire une idée claire que par l'analyse des rapports infiniment compliqués et changeants des combinaisons sociales. Aussitôt que l'on confond des principes essentiellement distincts, il n'y a plus d'espoir de raisonner correctement sur les matières politiques. Il appartient aux théologiens de fixer les limites du juste et de l'injuste par rapport à la méchanceté ou à la bonté intrinsèques de l'acte ; établir les rapports du juste et de l'injuste en politique, c'est-à-dire de ce qui est utile ou nuisible à la société, est l'affaire du publiciste, et l'un de ces objets ne saurait porter préjudice à l'autre, puisque chacun voit combien la vertu purement politique doit le céder à l'immuable vertu émanée de Dieu.

Que celui, je le répète, qui voudra m'honorer de ses critiques ne commence donc pas par supposer en moi des principes destructeurs de la vertu ou de la religion — alors que j'ai démontré que tels n'étaient pas mes principes — et qu'au lieu de faire de moi un incrédule ou un séditieux, il s'attache à me trouver mauvais logicien ou politique malavisé ; qu'il ne tremble pas à chacune de mes propositions soutenant les intérêts de l'humanité ; qu'il me convainque de l'inutilité de mes principes ou des inconvénients politiques qui pourraient en résulter et qu'il me montre les avantages des pratiques reçues. J'ai donné un témoignage public de ma religion et de ma soumission à mon souverain par ma réponse aux

*Notes et observations*[1] ; il serait superflu de répondre dorénavant à de semblables écrits ; mais quiconque observera en écrivant la décence qui convient aux honnêtes gens et fera preuve de lumières suffisantes pour me dispenser de prouver des principes élémentaires, de quelque nature qu'ils soient, trouvera en moi non pas un homme qui cherche à se défendre, mais un ami pacifique de la vérité[2].

---

1. Alessandro et Pietro Verri avaient publié en 1765, pour la défense de Beccaria, une réponse aux *Note ed osservazioni sul libro intitolato Dei delitti e delle pene*, du Père Ferdinando Facchinei, parues la même année.

2. Les passages marqués du signe | sont des premières additions ; ceux qui sont marqués du signe || sont les secondes additions. (N.d.A.)

## INTRODUCTION DE L'AUTEUR

Les lois les plus sages ont pour but naturel d'étendre à tous les hommes les avantages de l'existence et de combattre tout ce qui tend à les concentrer sur un petit nombre et à accumuler d'un côté la puissance et le bonheur, de l'autre la faiblesse et la misère. Or les hommes abandonnent généralement le soin de régler leurs affaires les plus importantes à l'appréciation et aux décisions occasionnelles de ceux dont l'intérêt est de s'opposer précisément à ces lois. Aussi n'est-ce qu'après avoir passé par mille erreurs quant aux choses essentielles à la vie et à la liberté, et lorsqu'ils sont las d'endurer des maux parvenus à leur comble, qu'ils se décident à remédier aux désordres qui les accablent. Alors enfin ils reconnaissent les vérités les plus évidentes, qui, par leur simplicité même, échappent aux esprits vulgaires, incapables d'analyser les choses et accoutumés à en recevoir les impressions toutes faites, par tradition plus que par examen.

Ouvrons l'histoire, et nous verrons que les lois, qui sont ou devraient être des pactes conclus entre des hommes libres, n'ont été le plus souvent que l'instrument des passions d'un petit nombre ; parfois elles sont nées d'une nécessité fortuite et passagère, mais elles n'ont jamais été dictées par un observateur impartial de la nature humaine, apte à embrasser les actions de toute une multitude et à les envisager du point de vue que voici : *le plus de bonheur possible réparti sur le plus grand nombre.* Heureuses les trop rares nations qui n'ont pas attendu que la lente évolution des combinaisons et des vicissitudes humaines fît succéder à l'excès du mal un acheminement vers le bien, mais ont hâté par de bonnes lois le passage de l'un à l'autre ! Quelle reconnaissance ne doit-on pas au philosophe qui, du fond de son cabinet obscur et dédaigné, a eu le courage de jeter dans la foule les premières semences, longtemps infructueuses, des vérités utiles.

A l'apparition de ces vérités philosophiques, répandues grâce à l'imprimerie, on a pris conscience des véritables relations entre le souverain et les sujets et entre les diverses nations ; le commerce s'est animé, et, entre les peuples, s'est allumée, sans violence, une guerre d'industrie, la plus humaine et la plus digne d'hommes raisonnables. Tels sont les fruits que nous devons aux lumières de ce siècle. Mais il s'est trouvé bien peu de gens pour envisager et combattre la cruauté des châtiments et l'irrégularité des procédures criminelles, cette partie si essentielle de la législation, et si négligée dans presque toute l'Europe ; il s'en est trouvé bien peu pour détruire, en remontant aux principes généraux, les erreurs accumulées depuis plusieurs siècles, ou pour refréner du moins, avec la seule force des vérités reconnues, le cours trop libre d'une puissance dévoyée qui a donné trop longtemps l'exemple, réputé légitime, d'une froide atrocité. Et pourtant les gémissements des faibles, sacrifiés à la cruelle ignorance et à l'indolence des riches, les supplices barbares prodigués avec une inutile sévérité pour des fautes non prouvées ou chimériques, les sombres horreurs d'une prison, accrues par le plus sinistre bourreau des malheureux, l'incertitude, auraient dû ébranler ceux qui exercent, comme une magistrature, la direction des opinions humaines.

L'immortel président de Montesquieu a passé rapidement sur cet objet. La vérité, qui est indivisible, m'a forcé à suivre les traces lumineuses de ce grand homme, mais ceux qui réfléchissent et pour lesquels j'écris sauront distinguer mes pas des siens. Heureux serai-je si je puis obtenir comme lui la secrète reconnaissance des partisans obscurs et pacifiques de la raison et inspirer ce doux frémissement par lequel les âmes sensibles répondent à qui défend les intérêts de l'humanité !

## § I. ORIGINE DES PEINES

Les lois sont les conditions sous lesquelles des hommes indépendants et isolés s'unirent en société. Fatigués de vivre dans un état de guerre

continuel et dans une liberté rendue inutile par
l'incertitude de la conserver, ils sacrifièrent une
partie de cette liberté pour jouir du reste avec
plus de sûreté et de tranquillité. La somme de
toutes ces portions de liberté sacrifiées au bien
commun forme la souveraineté d'une nation, et le
souverain en est le dépositaire et l'administrateur
légitime. Mais il ne suffisait pas de constituer ce
dépôt, il fallait encore le défendre contre les
usurpations de chaque individu en particulier,
car l'homme cherche toujours à prélever sur la
masse commune non seulement la part qui lui
revient, mais à s'approprier en outre celle des
autres. Il fallait des moyens sensibles pour empêcher cet esprit despotique de replonger dans
l'ancien chaos les lois de la société. Ces moyens
sensibles sont les peines établies contre ceux qui
enfreignent les lois. Je dis des *moyens sensibles*,
parce que l'expérience a démontré que la multitude n'adopte pas d'elle-même des règles stables
de conduite et qu'il faut, pour l'écarter du
principe général de dissociation qu'on observe
dans l'univers physique et moral, des moyens qui
frappent immédiatement les sens et se présentent
constamment à l'esprit pour contrebalancer les
fortes impressions des passions individuelles
s'opposant à l'intérêt général. Ni l'éloquence, ni
les déclamations, ni même les vérités les plus
sublimes ne suffisent à refréner longtemps les
passions excitées par les tentations de la réalité
présente.

§ Ⅱ DROIT DE PUNIR

Tout châtiment qui ne découle pas d'une nécessité absolue, dit le grand Montesquieu, est tyrannique, proposition qu'on peut généraliser en disant : tout acte d'autorité d'homme à homme qui ne dérive pas d'une nécessité absolue est tyrannique. Le droit qu'a le souverain de punir les délits est donc fondé sur la nécessité de défendre contre les usurpations particulières le dépôt constitué pour le salut public. Et les peines sont d'autant plus justes que la sûreté est plus sacrée et inviolable, et plus grande la liberté que le souverain laisse à ses sujets. Consultons le cœur humain, et nous y trouverons les fondements de ce droit du souverain, car on ne peut espérer aucun avantage durable de la politique morale, si elle ne repose pas sur les sentiments indélébiles de l'homme. Toute loi qui s'en écarte rencontrera toujours une résistance qui finit par l'emporter, tout comme une force, bien que minime, si elle s'exerce continuellement, vient à bout de n'importe quelle impulsion violente imprimée à un corps.

Il n'est personne qui ait fait don spontanément d'une partie de sa propre liberté en vue du bien public ; cette chimère n'existe que dans les romans ; si elle était possible, chacun de nous voudrait que les pactes qui lient les autres ne le lient pas lui-même ; tout homme se regarde comme le centre de toutes les combinaisons du globe.

| La multiplication du genre humain, peu considérable en elle-même, mais très supérieure aux moyens que la nature, stérile et réduite à ses seules ressources, offrait pour satisfaire à des besoins toujours plus enchevêtrés, amena les premiers sauvages à s'unir. Ces premières alliances en engendrèrent nécessairement d'autres, destinées à résister aux premières, et ainsi l'état de guerre passa de l'individu aux nations |.

Ce fut donc la nécessité qui contraignit les hommes à céder une partie de leur liberté ; or il est certain que chacun n'en veut mettre à la disposition de la communauté que la plus petite portion possible, mais qui suffise à engager les autres à le défendre. L'ensemble de ces plus petites portions possibles constitue le droit de punir ; tout ce qui s'y ajoute est abus et non justice, c'est un fait, mais ce n'est déjà plus un droit. Il faut observer que les notions de droit et de force ne sont point contradictoires, mais que la première est plutôt une modification de la seconde, modification la plus utile au grand nombre. Et, par justice, je n'entends rien d'autre que le lien nécessaire pour maintenir l'union des intérêts particuliers, lesquels sans lui retomberaient dans l'ancien isolement social ; toutes les peines qui outrepassent la nécessité de conserver ce lien sont injustes par nature. Il faut se garder d'attacher à ce mot de justice l'idée de quelque chose de réel comme une force physique ou un être vivant ; c'est une simple conception des hommes, mais qui exerce une influence immense sur le bonheur de chacun. Et surtout je ne parle pas ici de cette autre justice qui émane de Dieu et qui a ses rapports particuliers et immédiats avec les peines et récompenses de la vie future.

§ III. CONSÉQUENCES

La première conséquence de ces principes est que les lois seules peuvent déterminer les peines des délits et que ce pouvoir ne peut résider qu'en la personne du législateur, qui représente toute la société unie par un contrat social. Aucun magistrat, qui fait partie de la société, ne peut sans injustice infliger de son chef des châtiments contre un autre membre de la société, car une peine qui dépasse la limite fixée par les lois représente la loi juste, plus une autre peine. Un magistrat ne peut donc, sous aucun prétexte de zèle ou de bien public, augmenter la peine établie envers un citoyen délinquant.

La seconde conséquence est que, si chaque membre individuel est lié à la société, celle-ci est pareillement liée à chacun de ses membres par un contrat qui, du fait de sa nature même, engage les deux parties. | C'est là une obligation qui descend du trône à la chaumière ; elle lie également le plus grand et le plus misérable parmi les hommes et ne signifie rien d'autre, sinon que l'intérêt général exige le respect des conventions utiles au plus grand nombre. Leur violation, même par un seul, est le début de l'anarchie | [1].

1. | Le mot obligation est un de ceux qu'on emploie beaucoup plus souvent en morale qu'en toute autre science

Le souverain, qui représente la société même, ne peut faire que des lois générales obligeant tous les membres, mais non pas juger que l'un d'eux a violé le contrat social, parce que la nation se diviserait alors en deux parties, l'une représentée par le souverain qui affirmerait la violation du contrat, l'autre par l'accusé qui la nierait. Il est donc nécessaire qu'un tiers juge de la vérité du fait, et qu'il y ait par conséquent un magistrat dont les sentences soient sans appel et consistent en la simple affirmation ou négation de faits particuliers.

La troisième conséquence est celle-ci : admettons que la cruauté des peines ne soit pas directement opposée au bien public et au but qu'elle se propose d'empêcher les délits ; il suffirait qu'elle fût inutile pour être contraire aux vertus bienfaisantes engendrées par une vertu éclairée, car celle-ci aime mieux commander à des hommes heureux qu'à un troupeau d'esclaves où règne constamment un échange de crainte et de cruauté ; mais surtout elle serait contraire à la justice et à la nature même du contrat social.

## § IV.  INTERPRÉTATION DES LOIS

Quatrième conséquence : le pouvoir d'interpréter les lois pénales ne peut pas être confié non

---

et qui sont le signe abrégé d'un raisonnement et non d'une idée. Cherchez-en une qui réponde au mot d'obligation et vous ne la trouverez pas ; faites un raisonnement, vous vous entendrez vous-même et vous serez entendu. | (N.d.A.)

plus aux juges des affaires criminelles, pour la bonne raison qu'ils ne sont pas des législateurs. Les juges n'ont pas reçu de nos ancêtres les lois comme une tradition de famille et un testament qui ne laisserait à la postérité que le soin d'obéir, mais ils les reçoivent de la société contemporaine ou du souverain, son représentant et légitime gardien de ce qui exprime alors la volonté générale. Ils ne les reçoivent pas comme des obligations résultant d'un ancien serment, qui serait nul parce que liant les volontés inexistantes, et inique parce que réduisant les hommes de l'état de société à l'état de troupeau ; ils les reçoivent comme les effets d'un serment, tacite ou formel, que les volontés réunies des sujets alors vivants ont fait au souverain, comme un moyen nécessaire pour réprimer et diriger la fermentation intestine des intérêts particuliers. Telle est l'autorité réelle et physique des lois. Qui sera donc l'interprète légitime de la loi ? Le souverain, c'est-à-dire le dépositaire de la volonté générale, ou le juge, dont la mission se réduit à examiner si tel homme a commis ou non un acte contraire aux lois ? En présence de tout délit, le juge doit former un syllogisme parfait : la majeure doit être la loi générale, la mineure l'acte conforme ou non à la loi, la conclusion étant l'acquittement ou la condamnation. Si le juge fait, volontairement ou par contrainte, ne fût-ce que deux syllogismes au lieu d'un seul, c'est la porte ouverte à l'incertitude.

Rien n'est plus dangereux que l'axiome commun selon lequel il faut consulter l'esprit de la loi. C'est dresser une digue bientôt rompue par le torrent des opinions. Voilà une vérité qui me paraît démontrée, bien qu'elle semble un paradoxe aux esprits vulgaires, plus sensibles à un léger inconvénient présent qu'aux conséquences funestes mais lointaines d'un faux principe enraciné dans la nation. Nos connaissances et toutes nos idées sont liées entre elles; plus elles sont compliquées, plus nombreuses sont les voies qui y arrivent et qui en partent. Chaque homme a son point de vue, qui diffère selon les moments. L'esprit de la loi serait donc le résultat de la bonne ou de la mauvaise logique d'un juge, d'une assimilation facile ou pénible, il dépendrait de la violence de ses passions, de sa faiblesse quand il est malade, de ses relations avec la personne lésée, de toutes les causes minimes qui changent l'aspect d'un objet selon les fluctuations de l'âme humaine. On verrait donc le sort d'un citoyen changer plusieurs fois en passant devant différents tribunaux, et la vie des malheureux serait victime des faux raisonnements ou des mouvements d'humeur passagers d'un juge qui prend pour une interprétation légitime le vague résultat de toute une série de notions confuses flottant dans son esprit. On verrait le même tribunal punir les mêmes délits différemment à des moments différents pour avoir consulté non la voix constante et précise de la loi, mais l'instabilité trompeuse des interprétations.

Les inconvénients qui proviennent de l'observation rigoureuse de la lettre d'une loi pénale ne sauraient être mis en balance avec les désordres que provoque son interprétation. Ces inconvénients, tout momentanés, entraîneront une modification facile autant que nécessaire des termes de la loi qui sont une cause d'incertitude; du moins empêcheront-ils les déplorables abus de raisonnement d'où naissent des controverses arbitraires et vénales. Lorsqu'un code formel de lois devant être observées à la lettre ne laisse au juge d'autre tâche que d'examiner les actes des citoyens et de déterminer s'ils sont conformes ou contraires à la loi écrite, lorsque les normes du juste et de l'injuste qui doivent régler les actions de l'ignorant comme du philosophe sont une question non de controverse, mais de fait, les sujets n'ont pas à subir, de la part de nombreux petits tyrans, des vexations d'autant plus cruelles qu'il y a moins de distance entre l'oppresseur et l'opprimé, et bien plus funestes que celles d'un seul individu; en effet le despotisme d'un grand nombre d'hommes ne peut être corrigé que par celui d'un seul, et la cruauté d'un tyran est proportionnée non pas à sa force, mais aux obstacles qu'elle rencontre. C'est ainsi que les citoyens obtiendront la sécurité personnelle, qui est juste parce qu'elle est le but de la vie en société, et qui est utile parce qu'elles les met en état de calculer exactement les inconvénients d'une mauvaise action. Ils acquerront d'autre part, il est vrai, un certain esprit d'indépendance; celui-ci, cependant, ne sera pas de nature à secouer la tutelle des lois ni à résister à l'autorité des premiers magistrats, mais il s'opposera en revanche à ceux qui ont osé donner le nom sacré de vertu à la faiblesse avec laquelle ils

cèdent à leurs opinions, dictées par le caprice ou
l'intérêt. Ces principes déplairont aux hommes
qui se sont arrogé le droit de faire sentir aux
inférieurs la tyrannie qu'ils subissent eux-mêmes
de la part de leurs supérieurs. J'aurais tout à
craindre si l'esprit de tyrannie allait de pair avec
le goût de la lecture.

§ V.  OBSCURITÉ DES LOIS

Si l'interprétation des lois est un mal, l'obscurité qu'entraîne cette interprétation en est évidemment un autre, qui sera encore bien plus
grand si les lois sont écrites en un langage
étranger au peuple et qui le met dans la dépendance d'un petit nombre d'hommes, sans qu'il
puisse juger par lui-même ce qu'il adviendra de
sa liberté et de celle des autres. Il en irait
autrement s'il lisait une langue qui lui soit
familière et qui donne à ce livre solennel et public
un caractère pour ainsi dire privé et domestique.
Quelle opinion peut-on avoir des hommes si l'on
réfléchit que c'est là, cependant, l'abus invétéré
d'une grande partie de l'Europe cultivée et
éclairée ! Plus il y aura de gens qui comprendront
le code sacré des lois et qui l'auront entre les
mains, moins il se commettra de crimes, car il
n'est pas douteux que l'ignorance et l'incertitude
des châtiments viennent en aide à l'éloquence des
passions.

Il résulte de ces dernières réflexions que, sans
textes écrits, une société ne prendra jamais une

forme de gouvernement fixe, où la force réside dans le tout et non dans les parties, et où les lois, ne pouvant être modifiées que par la volonté générale, ne se corrompent pas en passant par la foule des intérêts privés. L'expérience et la raison nous ont montré que les traditions humaines deviennent moins certaines et incontestables à mesure qu'elles s'éloignent de leur source. Or, s'il n'existe aucun monument stable du pacte social, comment les lois résisteront-elles à la force incoercible du temps et des passions ?

On voit par là toute l'utilité de l'imprimerie, qui remet au public, et non plus à quelques-uns, le dépôt sacré des lois ; on voit combien elle a contribué à dissiper l'esprit ténébreux de cabale et d'intrigue qui disparaît devant les lumières et les sciences, méprisées en apparence et redoutées en réalité par ceux qu'anime cet esprit. Voilà pourquoi nous voyons diminuer en Europe l'atrocité des crimes qui faisait trembler nos ancêtres, lesquels devenaient les uns pour les autres des tyrans et des esclaves. Si l'on connaît l'histoire des deux ou trois derniers siècles et la nôtre, on pourra voir comment, du sein du luxe et de la mollesse, naquirent les plus douces vertus, l'humanité, la bienfaisance, la tolérance envers les erreurs humaines. On verra les effets de ce qu'on appelle à tort la simplicité et la bonne foi antiques : les peuples gémissant sous une implacable superstition, la cupidité et l'ambition de quelques-uns teignant de sang humain les coffres remplis d'or et le palais des rois, les trahisons secrètes et les massacres publics, les nobles tyrannisant la plèbe, les ministres de la vérité évangélique souillant de sang leurs mains qui chaque jour touchaient le Dieu de miséricorde — voilà ce dont on ne saurait accuser notre siècle de lumières, que d'aucuns appellent corrompu.

## § VI. PROPORTION ENTRE LES DÉLITS ET LES PEINES

Il est de l'intérêt général qu'il ne se commette pas de délits, ou du moins qu'ils soient d'autant plus rares qu'ils causent plus de mal à la société. Ainsi donc, plus les délits sont nuisibles au bien public, plus forts doivent être aussi les obstacles qui les en écartent. Il doit donc y avoir une proportion entre les délits et les peines.

Il est impossible de prévenir tous les désordres engendrés par la lutte universelle que se livrent les passions humaines. Ils croissent en raison composée de la population et de l'enchevêtrement des intérêts particuliers, qu'on ne saurait diriger avec une précision mathématique vers le bien général. En arithmétique politique, il faut substituer à l'exactitude rigoureuse le calcul des probabilités. ‖ Si l'on jette un regard sur l'histoire, on verra les désordres s'étendre en même temps que les limites des empires ; le sentiment national s'affaiblissant dans la même proportion, le penchant au crime augmente en raison des avantages que chacun retire des désordres eux-mêmes ; c'est pourquoi la nécessité d'aggraver les peines va sans cesse en grandissant ‖ .

La force qui, semblable à la gravitation, nous incite à rechercher notre bien-être ne peut être contenue que par les obstacles qui lui sont opposés. Cette force a pour effet la masse confuse des actions humaines ; si celles-ci se heurtent et se nuisent réciproquement, les peines que j'appellerai *obstacles politiques* en empêchent les conséquences funestes sans en détruire la cause première, qui n'est autre que la sensibilité inhérente à l'homme. Le législateur agit comme l'architecte habile dont le rôle est de s'opposer aux forces destructives de la pesanteur et de mettre en œuvre celles qui contribuent à la solidité de l'édifice.

Etant donné la nécessité qu'est la réunion des hommes, vu les conventions qui résultent nécessairement de l'opposition des intérêts particuliers, les désordres forment une échelle dont le premier degré est représenté par ceux qui tendent directement à détruire la société, et le dernier par le tort le plus léger fait à l'un de ses membres. Entre ces deux extrêmes sont compris tous les actes contraires au bien public que l'on nomme délits et qui vont en ordre insensiblement décroissant, du plus haut degré au plus infime. Si la géométrie pouvait s'adapter aux combinaisons infinies et obscures des actions humaines, il devrait y avoir une échelle correspondante de peines, descendant de la plus forte à la plus faible. Mais il suffira au sage législateur d'en marquer les points principaux et d'en respecter l'ordre, en se gardant d'appliquer aux délits du premier degré les peines du dernier. S'il existait une échelle exacte et universelle des peines et des délits, nous aurions une mesure commune et probable des degrés de la tyrannie et de la liberté, de l'humanité ou de la méchanceté foncières des diverses nations.

Tout acte non compris entre les deux limites mentionnées ci-dessus ne peut être appelé *délit*, ni puni comme tel, si ce n'est par ceux qui trouvent leur intérêt à lui donner ce nom. L'incertitude de ces limites a produit dans les nations une morale qui contredit la législation, en outre des législations simultanées s'excluant réciproquement, et une multitude de lois qui exposent le plus sage aux peines les plus rigoureuses ; cette incertitude a rendu vagues et flottantes les notions de *vice* et de *vertu* ; elle a créé l'insécurité où l'on est quant à sa propre existence et qui engendre à son tour dans les corps politiques un sommeil léthargique et funeste. Quiconque lira d'un œil de philosophe les codes et les annales des nations trouvera que, presque toujours, les noms de *vice* et de *vertu*, de *bon citoyen* ou de *criminel* prennent un autre sens au cours des siècles, non par suite de changements survenus dans la situation des pays et, par conséquent, toujours conformes à l'intérêt commun, mais en raison des passions et des erreurs qui ont entraîné successivement les différents législateurs. Il verra que bien souvent les passions d'un siècle sont à la base de la morale des siècles suivants, que les passions fortes, filles du fanatisme et de l'exaltation, sont affaiblies et rongées, si je puis dire, par le temps qui ramène à l'équilibre tous les phénomènes physiques et moraux, et qu'elles deviennent peu à peu la sagesse du siècle et un instrument utile entre les mains des puissants et des habiles. C'est ainsi que naquirent les notions d'honneur et de vertu, notions des plus obscures parce qu'elles changent avec le temps, qui fait survivre les noms aux choses ; elles changent au bord des fleuves et au pied des montagnes, qui marquent bien souvent des frontières non seulement physiques, mais morales. Le plaisir et la douleur sont les mobiles des êtres sensibles, et, parmi les motifs qui poussent parfois les hommes aux actions les plus sublimes, le Législateur invisible a fixé la récompense et le châtiment ; mais la distribution inégale de ces sanctions produit cette contradiction peu remarquée, bien que très commune, que les peines punissent les délits qu'elles ont fait naître. Si un châtiment égal frappe deux délits qui portent à la société un préjudice inégal, rien n'empêchera les hommes de commettre le délit le plus grave des deux, s'il s'accompagne pour eux du plus grand avantage.

## § VII. ERREURS DANS LA MESURE DES PEINES

Les réflexions qui précèdent m'autorisent à affirmer que la vraie, la seule mesure des délits est le tort fait à la nation et non, comme certains le pensent par erreur, l'intention du coupable. Celle-ci dépend de l'impression momentanée causée par les objets et de l'état d'esprit antérieur ; or l'une et l'autre varient chez tous les hommes et en chacun d'eux, au gré de la succession rapide des idées, des passions et des circonstances. Il faudrait donc établir non seulement un code particulier pour chaque citoyen, mais une loi nouvelle pour chaque délit. Il se trouve parfois qu'avec la meilleure intention les hommes fassent le plus grand mal à la société, comme il peut arriver qu'avec les pires desseins ils lui fassent le plus grand bien.

D'autres mesurent les délits à la dignité de la personne lésée plus qu'à leur importance au regard du bien public. Si c'était là la vraie mesure des fautes, une irrévérence envers l'Etre des êtres devrait recevoir un châtiment plus terrible que l'assassinat d'un monarque ; la supériorité de la nature divine compenserait infiniment la différence de l'offense.

Certains enfin ont pensé que la mesure des délits devait tenir compte de la gravité du péché. La fausseté de cette opinion sautera aux yeux pour peu qu'on examine impartialement les rapports des hommes entre eux et des hommes avec Dieu. Les premiers sont des rapports d'égalité : seule la nécessité a fait naître du choc des passions et des oppositions d'intérêts l'idée de l'*utilité commune*, qui est la base de la justice humaine ; les seconds sont des rapports de dépendance à l'égard d'un Etre parfait et créateur qui s'est réservé à Lui seul le droit d'être en même temps législateur et juge, parce que Lui seul peut l'être sans inconvénient. S'Il a institué des peines éternelles pour celui qui désobéit à sa toute-puissance, quel est l'insecte qui osera suppléer à la justice divine et voudra venger l'Etre qui se suffit à lui-même, qui ne peut recevoir des objets aucune impression de plaisir ou de douleur et qui, seul entre tous les êtres, agit sans craindre de réaction ? La gravité du péché dépend de l'insondable malice du cœur, et les êtres finis ne peuvent la connaître sans l'aide de la révélation. Comment donc la prendra-t-on pour norme afin de punir les délits ? Les hommes risqueraient dans ce cas de punir quand Dieu pardonne et de pardonner quand Dieu punit. Si les hommes peuvent être en contradiction avec le Tout-Puissant lorsqu'ils l'offensent, ils peuvent y être aussi lorsqu'ils punissent.

§ VIII.   DIVISION DES DÉLITS

Nous avons vu que la vraie mesure des peines est le *dommage causé à la société*. C'est là une de ces vérités évidentes qui n'ont besoin pour être découvertes ni de cadrans ni de télescopes, mais sont à la portée de toute intelligence moyenne, et qui cependant, par un concours de circonstances étonnant, n'ont été reconnues avec une sûreté décisive que par bien peu de penseurs dans toutes les nations et dans tous les siècles. Mais les notions simples qui formaient peut-être la première philosophie des nations naissantes ont été refoulées par les vues de tyrans à la mode asiatique, dont les passions se couvraient de l'autorité du pouvoir, et qui exerçaient une action le plus souvent insensible, mais parfois violente, sur la timide crédulité des gens. Ces notions, les lumières du siècle présent semblent nous y ramener, mais avec une fermeté plus grande que peuvent seuls leur donner un examen rigoureux, une foule d'expériences malheureuses et les obstacles rencontrés. L'ordre de notre exposé nous amènerait maintenant à examiner et à distinguer toutes les différentes sortes de délits et la manière de les punir, mais leur nature variable selon les diverses circonstances de temps et de lieu nécessiterait des détails infinis et fastidieux. Il me suffira d'indiquer les principes les plus généraux, les erreurs les plus funestes et les plus répandues pour détromper ceux qui, par un amour mal entendu de la liberté, voudraient introduire l'anarchie, tout comme ceux qui prétendraient imposer aux hommes une régularité de couvent.

Certains délits mènent tout droit à la destruction de la société ou de ses représentants ; il en est qui nuisent à la sûreté personnelle d'un citoyen dans sa vie, ses biens ou son honneur ; d'autres encore sont des actes contraires à ce que les lois imposent ou interdisent à tout homme en vue du bien public. Les premiers, qui sont les plus graves parce qu'ils sont les plus nuisibles, sont ceux qu'on appelle crimes de lèse-majesté. Seules la tyrannie et l'ignorance, qui confondent les mots et les idées les plus clairs, peuvent nommer ainsi, et par conséquent punir des pires châtiments, des délits de nature différente et rendre par là les hommes, comme en mille autres occasions, victimes d'un mot. Tous les délits, même privés, nuisent à la société, mais tous ne tendent pas immédiatement à sa destruction. Les actions morales, comme les actions physiques, ont leur sphère d'activité limitée et, comme tous les mouvements naturels, sont diversement circonscrites par le temps et l'espace, et seule une interprétation vétilleuse, qui est la philosophie de la servitude, peut confondre ce que l'éternelle Vérité a distingué par des rapports immuables.

Après ceux-ci viennent les délits contraires à la sûreté personnelle de chacun. Celle-ci étant le premier but de toute association légitime, force est d'assigner à la violation du droit de sûreté, acquis par tous les citoyens, l'une des peines les plus graves que la loi ait établies.

L'idée que chaque citoyen doit pouvoir faire tout ce qui n'est pas contraire aux lois, sans redouter d'autre inconvénient que celui qui peut résulter de l'acte lui-même, voilà le dogme politique auquel les peuples devraient croire et que les magistrats suprêmes devraient proclamer et garder avec le même soin que les lois. Ce dogme sacré, sans lequel il ne saurait y avoir de société véritable, est la juste récompense du sacrifice qu'ont fait les hommes en renonçant à exercer sur toutes choses l'action universelle à laquelle aspirent tous les êtres sensibles et qui n'a d'autres bornes que leurs propres forces. C'est ce dogme qui fait les âmes libres et vigoureuses et les esprits qui répandent la clarté, c'est lui qui rend les hommes vertueux, mais animés de cette vertu qui sait résister à la crainte, non de cette prudence qui se plie à tout, digne seulement de ceux qui peuvent supporter une existence précaire et incertaine.

Donc les attentats contre la sûreté et la liberté des citoyens sont l'un des plus grands crimes, et dans cette classe il faut comprendre non seulement les assassinats et les vols commis par les gens du peuple, mais ceux que commettent aussi les grands et les magistrats, dont l'influence agit sur une plus grande étendue et avec plus de force, détruisant dans l'esprit des sujets les idées de justice et de devoir et leur substituant celle du droit du plus fort, droit également dangereux pour celui qui l'exerce et celui qui le subit.

## § IX. DE L'HONNEUR

Il y a une contradiction frappante entre les lois civiles, gardiennes jalouses, avant toute autre chose, de l'intégrité du corps et des biens de chaque citoyen, et les lois de ce qu'on appelle l'*honneur*, lequel donne la préférence à l'opinion. Ce mot d'*honneur* est un de ceux qui ont servi de prétexte à de longs et brillants raisonnements, sans qu'il s'y attachât aucune idée constante et déterminée. C'est le malheur de l'esprit humain que les choses les plus lointaines et les moins importantes, telles que les révolutions des corps célestes, lui soient les plus présentes et les mieux connues, alors que les notions morales, toutes proches et de la plus haute importance, restent toujours flottantes et confuses, au gré du souffle des passions qui les pousse, ou de l'ignorance dirigée qui les reçoit et les transmet. Mais cela cessera de sembler un paradoxe si l'on considère que, comme les objets trop proches des yeux deviennent confus, de même la trop grande proximité des idées morales a pour effet de brouiller aisément la foule d'idées simples qui les composent et d'en confondre les lignes de séparation dont l'esprit géométrique a besoin pour mesurer les phénomènes de la sensibilité. Celui qui observe sans parti pris la nature humaine cessera dès lors de s'étonner et soupçonnera qu'il n'y a peut-être pas besoin de tant de liens ni d'un tel appareil moral pour assurer le bonheur et la tranquillité des hommes.

L'*honneur* est donc une de ces notions complexes qui sont un agrégat non seulement d'idées simples, mais d'idées également compliquées qui, selon la façon dont elles se présentent à l'esprit, tantôt admettent et tantôt rejettent certains des éléments qui les composent, ne conservant qu'un petit nombre d'idées communes, comme, en algèbre, plusieurs quantités complexes admettent un commun diviseur. Pour trouver ce commun diviseur entre les différentes idées que les gens se font de l'*honneur*, il faut jeter un rapide coup d'œil sur la formation des sociétés.

Les premières lois et les premiers législateurs sont issus du besoin de parer aux désordres dus au despotisme naturel de chaque homme. Tel fut le but que se fixa l'institution des sociétés et qui s'est toujours conservé, en réalité ou en apparence, en tête de tous les codes, même destruc-

teurs. Mais le rapprochement des hommes et les
progrès de leurs connaissances ont fait naître
parmi eux une suite infinie d'actions et de besoins
réciproques dépassant toujours les prévisions des
lois, mais inférieurs au pouvoir que chacun
possédait à ce moment. C'est alors que débuta la
tyrannie de l'opinion, unique moyen d'obtenir
d'autrui des avantages et d'éviter des maux que
les lois n'étaient pas en état de prévoir. C'est
l'opinion qui est le tourment du sage comme du
vulgaire, c'est elle qui a mis en crédit l'apparence
de la vertu plutôt que la vertu même et qui fait un
missionnaire du scélérat, pourvu qu'il y trouve
son intérêt. Dès lors les suffrages des hommes
devinrent non seulement utiles, mais nécessaires
pour ne pas tomber au-dessous du niveau
commun. L'ambitieux les recherche comme ser-
vant ses intérêts, le vaniteux les mendie en tant
que témoignage de son mérite, mais l'homme
d'honneur les exige parce qu'ils lui sont nécessaires. Un très grand nombre d'hommes font de
l'honneur une condition de leur existence. Né
après la formation des sociétés, il ne put être mis
dans le dépôt commun ; il est plutôt un retour
momentané à l'état de nature et un moyen de se
soustraire temporairement à l'action des lois, qui,
dans le cas particulier, n'assurent pas au citoyen
une défense suffisante.

Il s'ensuit que, soit dans une liberté extrême,
soit dans une extrême sujétion, les idées d'honneur disparaissent ou se confondent entièrement
avec d'autres, parce que, dans le premier cas, le
despotisme des lois rend inutile la recherche des

suffrages d'autrui et que, dans le second, la tyrannie des hommes anéantit l'existence civile et réduit chacun à n'avoir plus qu'une personnalité précaire et momentanée. Aussi l'honneur est-il un des principes fondamentaux des monarchies qui ne sont qu'un despotisme atténué ; il est pour elles ce que sont les révolutions dans les Etats despotiques : un retour temporaire à l'état de nature et, pour le maître, un rappel menaçant de l'ancienne égalité.

§ X.  DES DUELS

Ce besoin des suffrages d'autrui a fait naître les duels, qui tirèrent précisément leur origine de l'anarchie des lois. On prétend qu'ils étaient inconnus dans l'Antiquité, peut-être parce que les anciens se réunissaient sans défiance et sans armes dans les temples, dans les théâtres et avec leurs amis, peut-être parce que le duel était le spectacle ordinaire et commun que les gladiateurs, esclaves avilis, donnaient au peuple, et que les hommes libres ne voulaient pas se donner l'apparence et le nom de gladiateurs en se livrant à des combats singuliers. C'est en vain que les édits menaçant de mort quiconque accepte un duel ont cherché à extirper cette coutume, fondée sur ce que certains hommes redoutent plus que la mort. Privé de l'estime d'autrui, l'homme d'honneur se voit par avance exposé soit à devenir un être totalement solitaire, état insupportable pour un homme sociable, soit à être en butte aux insultes et à l'infamie, qui, par leurs coups répétés, l'emporteraient sur le danger du châtiment. Pour quelle raison le menu peuple ne se bat-il généralement pas en duel comme les grands ? Non seulement parce qu'il est désarmé, mais parce que le besoin de l'estime des autres est moins répandu dans la plèbe que chez ceux qui, étant d'un rang plus élevé, se regardent entre eux avec plus de défiance et de jalousie.

Il n'est pas inutile de répéter ici ce que d'autres ont écrit : la meilleure méthode pour prévenir ce délit est de punir comme agresseur celui qui a donné lieu au duel, et de déclarer innocent celui qui, sans qu'il y eût de sa faute, s'est vu contraint de défendre ce que les lois actuelles ne protègent pas, c'est-à-dire son honneur, et de montrer à ses concitoyens qu'il ne craignait que les lois, et non les hommes.

## § XI.   DE LA TRANQUILLITÉ PUBLIQUE

Enfin, parmi les délits de la troisième espèce se trouvent particulièrement ceux qui troublent la tranquillité publique et le repos des citoyens, comme le tapage des ruffians sur les places et dans les rues destinées au commerce et à la promenade des citadins, comme les sermons fanatiques qui excitent facilement les passions d'une foule de curieux, grâce au grand nombre des auditeurs et sous l'effet d'une obscure et trouble exaltation, plus que de la claire et calme raison qui n'a jamais de prise sur les masses.

L'éclairage public des villes pendant la nuit, les gardes répartis dans les différents quartiers, les discours simples et moraux de la religion, réservés au silence et à la paix sacrée des temples que protège l'autorité, les harangues destinées à défendre les intérêts privés et publics dans les assemblées de la nation, dans les parlements ou autres lieux où réside la majesté du souverain, tels sont les moyens efficaces de prévenir la concentration dangereuse des passions populaires. Ces moyens sont un des objets principaux auxquels doit veiller le magistrat que les Français appellent « de la *police* » ; mais si ce magistrat agissait selon des lois arbitraires, non établies par un code qui puisse circuler entre les mains de tous les citoyens, on ouvrirait la porte à la tyrannie qui guette sans cesse tout autour des limites de la liberté politique. Je ne trouve aucune exception à cet axiome général : tout citoyen doit savoir quand il est coupable et quand il est innocent. Si un gouvernement a besoin de censeurs et, d'une façon générale, de magistrats extraordinaires, cela provient de la faiblesse de sa constitution et n'est pas le fait d'un gouvernement bien organisé. L'incertitude qu'on a de son propre sort a fourni plus de victimes à la tyrannie occulte que n'en a fait la vindicte publique et officielle ; celle-ci révolte les âmes plutôt qu'elle ne les avilit. Le véritable tyran commence toujours par se rendre maître de l'opinion, car elle prévient les effets du courage, qui ne peut éclater que dans la pleine lumière de la vérité, ou dans le feu des passions, ou dans l'ignorance du danger.

Mais quelles seront les peines convenant à ces délits ? La mort est-elle une peine vraiment *utile* et *nécessaire* à la sûreté et au bon ordre de la société ? La torture et les supplices sont-ils *justes* et atteignent-ils *le but* que se proposent les lois ? Quelle est la meilleure manière de prévenir les délits ? Les mêmes châtiments sont-ils également utiles en tout temps ? Quelle influence ont-ils sur les mœurs ? Ces problèmes méritent d'être résolus avec la précision scientifique qui triomphe des brumes du sophisme, des séductions de l'éloquence et des doutes timorés. Si je n'avais d'autre mérite que d'avoir exposé le premier en Italie avec un peu plus d'évidence ce que d'autres nations ont osé écrire et commencent à pratiquer, je m'estimerais déjà heureux ; mais si, en défendant les droits des hommes et de l'invincible vérité, j'avais pu contribuer à arracher aux souffrances et aux angoisses de la mort une victime infortunée de la tyrannie ou de l'ignorance également funeste, les bénédictions et les larmes de joie d'un seul innocent me consoleraient du mépris des hommes.

§ (XII) BUT DES CHÂTIMENTS

La simple considération des vérités exposées jusqu'ici montre à l'évidence que le but des peines n'est ni de tourmenter et affliger un être sensible, ni de faire qu'un crime déjà commis ne l'ait pas été. Un corps politique, qui, bien loin d'agir lui-même par passion, a pour objet d'apaiser celles des particuliers, peut-il être le foyer d'une inutile cruauté, instrument de la fureur, du fanatisme ou de la faiblesse des tyrans ? Les cris d'un malheureux seraient-ils capables de faire revenir le temps passé et de révoquer les actes qu'il a commis ? Le but des châtiments ne peut être dès lors que d'empêcher le coupable de causer de nouveaux dommages à ses concitoyens et de dissuader les autres d'en commettre de semblables. Il faut donc choisir des peines et une manière de les infliger qui, toute proportion gardée, fassent l'impression la plus efficace et la plus durable possible sur l'esprit des hommes, et la moins cruelle sur le corps du coupable.

## § XIII.  DES TÉMOIGNAGES

Il est un point très important dans toute bonne législation : c'est de déterminer exactement la crédibilité des témoignages et les preuves du crime. Tout homme raisonnable, c'est-à-dire ayant une certaine liaison dans les idées et des sentiments conformes à ceux des autres hommes peut être appelé à témoigner ‖. La vraie mesure de sa crédibilité n'est que l'intérêt qu'il a à dire ou à ne pas dire la vérité, ce qui fait apparaître frivole le motif de faiblesse invoqué contre le témoignage des femmes, puérile l'application des effets de la mort réelle à la mort civile de ceux qui ont subi une condamnation, incohérent l'argument de la note d'infamie lorsque celui qui l'a encourue n'a aucun intérêt à mentir. ‖ La crédibilité du témoin diminue donc nécessairement en proportion de l'amitié, de la haine ou des relations étroites qui existent entre lui et le coupable. Un seul témoin ne suffit pas, car, tant que l'accusé nie ce qu'affirme le témoin, il n'y a aucune certitude, et ce qui prévaut alors, c'est le droit qu'a chacun d'être supposé innocent. La crédibilité d'un témoin est d'autant plus réduite que l'atrocité du crime [1] ou l'invraisemblance des

1. ‖ Chez les criminalistes, la crédibilité d'un témoin est d'autant plus grande que le délit est plus atroce. Voici l'axiome de fer qu'a dicté la plus cruelle imbécillité : « In atrocissimis leviores coniecturae sufficiunt, et licet iudici iura transgredi. » Traduisons-le en langue vulgaire, et l'Europe verra une des nombreuses règles, toutes également raisonnables, auxquelles elle est soumise sans le savoir : « Dans les crimes les plus affreux — c'est-à-dire les moins probables — les plus légères conjectures suffisent, et il est permis au juge d'outrepasser le droit. » Les pratiques absurdes de la législation sont souvent le produit de la crainte, source principale des contradictions humaines. Les législateurs (ou plutôt les jurisconsultes à qui, après leur mort, on accorde le droit de trancher de tout et de devenir, d'écrivains intéressés et vénaux qu'ils étaient, des législateurs décidant du sort des hommes), à cause de la condamnation de quelque innocent, chargent la jurisprudence de formalités et d'exceptions superflues, dont l'exacte observation ferait asseoir l'impunité la plus anarchique sur le trône de la justice ; effrayés par certains crimes atroces et difficiles à prouver, ils se sont crus obligés de passer par-dessus les formalités mêmes qu'ils avaient établies, et ainsi, tantôt par un despotisme impatient, tantôt par des craintes peu viriles, ils ont transformé les jugements les plus graves en une sorte de jeu dont le hasard et les expédients sont les principaux éléments. ‖ (N.d.A.)

circonstances sont plus grandes, comme lorsqu'il s'agit par exemple de magie ou d'actes de cruauté gratuite. Dans le premier cas, il est plus raisonnable en effet de penser que plusieurs hommes ont menti, parce qu'il est facile que se combinent en eux l'ignorance et la haine, que de croire qu'un homme dispose d'un pouvoir que Dieu n'a pas donné ou qu'il a enlevé aux êtres créés par Lui. Dans le second cas, il faut se défier également de certains témoignages, parce que l'homme n'est cruel que dans la mesure de son intérêt, de sa haine ou de ses craintes. Il n'y a dans l'homme, à proprement parler, aucun sentiment sans cause : un sentiment est toujours le résultat des impressions faites sur les sens. De même on ne peut accorder à un témoin qu'une confiance limitée quand il est membre d'une société privée dont les usages et les maximes sont mal connus ou diffèrent de ceux de la collectivité, car cet homme a non seulement ses propres passions, mais, de plus, celles des autres.

Enfin la crédibilité d'un témoin est à peu près nulle s'il s'agit de paroles dont on veut faire un crime, parce que le ton, les gestes, tout ce qui précède et qui suit les différentes idées qu'un homme peut attacher aux mêmes paroles altère et modifie ses propos à tel point qu'il est presque impossible de les répéter exactement tels qu'ils ont été énoncés. De plus, les actes de violence et sortant de l'ordinaire, tels que sont les véritables délits, laissent une trace dans la multitude des circonstances et des effets qui en découlent, tandis que les paroles ne restent que dans la mémoire, presque toujours infidèle et bien souvent séduite, de ceux qui les ont entendues. Il est donc infiniment plus aisé de porter des accusations calomnieuses contre des paroles que contre des actes, parce que, quant à ceux-ci, plus on invoque de circonstances pour les prouver, plus on fournit au coupable de moyens de se justifier.

§ XIV.   |   INDICES DES DÉLITS ET FORME DES JUGEMENTS

Il est un théorème général qui peut être fort utile pour supputer la certitude d'un fait et, par exemple, la valeur des indices d'un crime : quand les preuves d'un fait dépendent les unes des autres, quand les indices ne se prouvent donc que les uns par les autres, la probabilité d'un fait diminue en raison du nombre de preuves apportées, car les circonstances qui ruineraient les premières preuves ruinent aussi les suivantes. ‖ Quand les preuves d'un fait dépendent toutes d'une seule, leur nombre n'augmente ni ne diminue la probabilité du fait, puisque toute leur valeur se réduit à celle de la preuve unique dont elles dépendent ‖. Quand les preuves sont indépendantes les unes des autres, que les indices, par conséquent, trouvent leur preuve ailleurs qu'en eux-mêmes, plus on apporte de preuves, plus s'accroît la probabilité du fait, car la fausseté d'une des preuves n'a pas d'influence sur les autres. Je parle de probabilité en matière de délits, alors que ceux-ci, pour mériter un châtiment, doivent être certains. Cependant le paradoxe disparaîtra si l'on considère que, prise à la rigueur, la certitude morale n'est qu'une probabilité, mais telle qu'on l'appelle certitude parce que tout homme de bon sens ne peut qu'y donner son assentiment, en vertu d'une habitude née de la nécessité d'agir, et qui est antérieure à toute spéculation ; la certitude requise pour convaincre un coupable est donc la même qui détermine tous les hommes dans les affaires les plus importantes de la vie. ‖ On peut diviser les preuves d'un crime en preuves parfaites et preuves imparfaites. J'appelle parfaites celles qui excluent la possibilité que tel individu ne soit pas coupable, et imparfaites celles qui ne l'excluent pas. Parmi les premières, une seule suffit pour prononcer la condamnation ; quant aux secondes, il en faut un nombre assez grand pour former une preuve parfaite, ce qui veut dire que chacune d'elles permettrait de croire à l'innocence de l'accusé, mais que toutes réunies la rendent impossible. Il faut noter que les preuves imparfaites qui laisseraient à l'accusé la possibilité de se justifier deviennent des preuves parfaites s'il ne le fait pas de façon satisfaisante. Mais il est plus facile de sentir la certitude morale des preuves que de la définir exactement ‖. C'est pourquoi je considère comme excellente la loi qui donne au juge principal des assesseurs désignés par le sort et non à la suite d'un choix, parce que, dans ce cas, l'ignorance qui juge d'après son sentiment est plus sûre que le savoir qui décide selon une opinion. Là où les lois sont claires et précises, l'office du juge ne consiste qu'à préciser les faits. Si la recherche des preuves d'un délit exige de l'habileté et de l'adresse, si, pour présenter le résultat de ces recherches, il faut de la clarté et de la précision, il suffit, pour juger d'après ce résultat, d'un simple et ordinaire bon sens, moins trompeur que le savoir d'un juge habitué à chercher à toute force des coupables et qui ramène tout à un système factice emprunté à ses études. Heureuse la nation où les lois ne seraient pas une science ! C'est une loi bien utile que celle qui veut que tout homme soit jugé par ses pairs, car, lorsqu'il s'agit de la liberté et des biens d'un citoyen, il faut imposer silence aux sentiments inspirés par l'inégalité. Le dédain avec lequel l'homme fortuné regarde le malheureux, l'irritation de l'inférieur à l'égard du supérieur n'ont aucun rôle à jouer en un pareil jugement. Mais au cas où le délit serait un tort causé à un tiers, les juges devraient être pour moitié les égaux du coupable et pour moitié ceux du lésé. Ainsi, une fois équilibrés tous les intérêts particuliers qui modifient, même sans qu'on le veuille, les apparences des choses, la parole n'est plus qu'aux lois et à la vérité. Il est d'autre part conforme à la justice que le coupable puisse récuser dans une certaine mesure ceux qui lui sont suspects. Et si on lui concède ce droit sans réserve pour un certain temps, l'accusé semblera se condamner pour ainsi dire de lui-même. Que les jugements soient publics, et publiques les preuves du crime, afin que l'opinion, qui est peut-être le seul ciment des sociétés, impose un frein à la force et aux

passions, et afin que le peuple puisse dire :
« Nous ne sommes pas des esclaves, et nous
sommes défendus ». Ce sentiment inspire courage et équivaut à un tribut pour un souverain
qui comprend ses véritables intérêts. Je n'entre-
rai pas dans d'autres détails sur les précautions
que réclament de semblables institutions. Je
n'aurais rien dit si j'étais obligé de tout dire |.


§ XV.  DÉNONCIATIONS SECRÈTES

Les dénonciations secrètes sont un abus évident, mais consacré, et rendu nécessaire dans de
nombreuses nations par la faiblesse de leur
constitution. Une telle coutume rend les hommes
faux et dissimulés. Quiconque soupçonne en
autrui un délateur y voit un ennemi. On s'habitue
alors à masquer ses propres sentiments et, à force
de les cacher aux autres, on finit par se les cacher
à soi-même. Malheur aux hommes qui en sont
arrivés à ce point : sans principes clairs et stables
qui les guident, ils seront égarés et flottants sur la
vaste mer de l'opinion, toujours préoccupés
d'échapper aux monstres qui les menacent. Ils ne
sauraient jouir du moment présent, qu'empoi-
sonne sans cesse l'incertitude de l'avenir. Privés
des plaisirs durables de la tranquillité et de la
sécurité, c'est à peine si quelques instants heureux, épars çà et là dans leur triste vie et dévorés
en hâte et pêle-mêle, les consolent d'avoir vécu.
Est-ce de ces hommes-là qu'on fera des soldats
intrépides, défenseurs de la patrie et du trône ?

Est-ce parmi eux qu'on trouvera les magistrats incorruptibles dont la libre et patriotique éloquence soutiendra et développera les intérêts du souverain et qui porteront aux pieds du trône, non seulement les tributs, mais l'amour et les bénédictions de toutes les classes d'hommes et, en retour, donneront aux palais et aux chaumières la paix, la sécurité, avec l'espoir d'améliorer leur sort par l'industrie, utile ferment qui donne la vie aux Etats ?

Qui pourrait se défendre contre la calomnie quand elle est armée du bouclier le plus fort de la tyrannie, le *secret* ? Quelle sorte de gouvernement peut être celui où l'homme qui gouverne soupçonne en chacun de ses subordonnés un ennemi et se voit contraint, pour assurer le repos de tous, de l'ôter à chacun ?

| Quels sont les motifs par lesquels on justifie les accusations et les châtiments secrets ? Le salut public, la sûreté et le maintien de la forme de gouvernement ? Mais quelle étrange constitution que celle où le gouvernement qui dispose de la force et de l'opinion, plus puissante que la force, redoute chaque citoyen ! La sauvegarde de l'accusateur ? Les lois ne suffisent donc pas à le défendre, et il y aura des sujets plus forts que le souverain ! L'infamie du délateur ? On autorise donc la calomnie tant qu'elle reste secrète et on la punit si elle est publique ! Est-ce la nature du délit ? Si l'on appelle délits des actes indifférents, ou même utiles à la communauté, les accusations et les jugements ne seront jamais assez secrets. Peut-il y avoir délit, c'est-à-dire offense à la

société, sans qu'en même temps l'intérêt général exige la publicité de l'exemple, donc du jugement ? Je respecte tous les gouvernements et je ne parle d'aucun en particulier ; les circonstances sont parfois telles qu'on peut croire que l'extirpation d'un mal signifie la ruine totale de l'Etat, lorsque ce mal est inhérent au système de gouvernement. Mais si j'avais à dicter de nouvelles lois dans quelque coin isolé de l'univers, avant d'autoriser la coutume dont je parle, ma main tremblerait, et je verrais devant mes yeux toute la postérité |.

Monsieur de Montesquieu l'a déjà dit : les accusations publiques conviennent mieux à l'Etat républicain, où le souci du bien général devrait être la première passion des citoyens, qu'à la monarchie, où, de par la nature même du gouvernement, ce sentiment est extrêmement faible ; là, c'est une mesure excellente de désigner des commissaires pour accuser au nom de l'Etat ceux qui enfreignent les lois. Mais tout gouvernement, qu'il soit républicain ou monarchique, devrait infliger au calomniateur le châtiment qu'encourrait l'accusé.

§ XVI. DE LA TORTURE

C'est une cruauté consacrée par l'usage dans la plupart des nations que de soumettre l'accusé à la torture pendant que se déroule le procès, soit pour le forcer à avouer un crime, soit à cause des contradictions où il est tombé, soit pour lui découvrir des complices, soit pour je ne sais quelle raison métaphysique et incompréhensible prétendant que la torture purge l'infamie, | ou enfin pour trouver d'autres délits dont il pourrait être coupable, mais dont il n'est pas accusé |.

Un homme ne peut être déclaré *coupable* avant la sentence du juge, et la société ne peut lui retirer sa protection tant qu'on n'a pas établi qu'il a violé les conditions auxquelles elle lui avait été accordée. Quel est donc le droit, si ce n'est celui de la force, qui peut donner à un juge le pouvoir de faire subir un châtiment à un citoyen, alors qu'on est encore dans le doute quant à sa culpabilité ou à son innocence ? Le dilemme n'est pas nouveau : ou le délit est certain, ou il ne l'est pas ; s'il est certain, il ne faut lui appliquer d'autre peine que celle qu'ont fixée les lois, et la torture est inutile, puisque l'aveu du coupable n'est plus nécessaire ; s'il est incertain, on ne doit pas torturer un innocent, puisque tel est, selon la loi, un homme dont les délits ne sont pas prouvés. Mais j'ajouterai ceci : c'est faire fi de toute logique que d'exiger qu'un homme soit en même temps accusateur et accusé, que la douleur devienne le creuset de la vérité, comme si le critère de celle-ci résidait dans les muscles et dans les fibres d'un malheureux. La torture est le plus sûr moyen d'absoudre les scélérats robustes et de condamner les innocents débiles. Tels sont les funestes inconvénients de ce prétendu critère de la vérité, critère digne d'un cannibale et que les Romains, barbares eux aussi à plus d'un titre, réservaient aux seuls esclaves, victimes d'une « vertu » féroce et trop louée.

Quel est le but politique des châtiments ? La terreur qu'ils inspirent aux autres hommes. Mais que penser des supplices secrets et obscurs qu'un usage tyrannique exerce sur les coupables comme sur les innocents ? Il importe qu'aucun délit manifeste ne demeure impuni, mais il est inutile de découvrir qui a commis un crime enseveli dans les ténèbres de l'incertitude. Un forfait déjà commis et auquel il n'y a plus de remède ne peut être puni par la société que s'il a une influence sur d'autres gens qui pourraient espérer l'impunité. S'il est vrai que les hommes qui, soit par crainte, soit par vertu, respectent les lois sont plus nombreux que ceux qui les enfreignent, le risque de torturer un innocent sera d'autant plus grand qu'il y a plus de chances qu'un homme, toutes choses étant égales, les ait respectées plutôt que méprisées.

Un autre motif, ridicule, de la torture est la « purgation de l'infamie », c'est-à-dire qu'un homme jugé infâme doit confirmer sa déposition par la dislocation de ses os. Cet abus ne devrait pas être toléré au XVIII$^e$ siècle. On pense que la douleur, qui est une sensation, peut laver l'infamie, qui se rapporte à la morale. La douleur serait-elle donc un creuset, et l'infamie un corps mixte et impur ? Il n'est pas difficile de remonter à l'origine de cette loi ridicule, car les absurdités adoptées par une nation entière ont toujours quelque relation avec les idées communément respectées de cette même nation. Cet usage

semble emprunté aux idées religieuses et spirituelles qui ont tant d'influence sur l'âme des
hommes de tous les pays et de tous les siècles. Un
dogme infaillible affirme que les souillures
contractées par la faiblesse humaine, quand elles
n'ont pas mérité la colère éternelle de l'Etre
suprême, doivent être purifiées par un feu surna-
turel ; or l'infamie est une tache civile, et si le
supplice du feu enlève les souillures spirituelles et
incorporelles, pourquoi les spasmes de la torture
n'effaceraient-ils pas la tache civile qu'est l'infamie ? Je pense que les aveux du coupable, que
certains tribunaux exigent comme essentiels à sa
condamnation, ont une origine analogue, puisque, au mystérieux tribunal de la pénitence, la
confession des péchés est une partie essentielle du
sacrement. Voilà comment les hommes abusent
des lumières les plus certaines de la révélation ; et
comme celles-ci sont les seules qui subsistent
dans les temps d'ignorance, c'est à elles que
recourt en toute occasion la docile humanité, qui
en fait les plus absurdes et lointaines applica-
tions. Cependant l'infamie est un sentiment qui
ne relève ni des lois ni de la raison, mais de
l'opinion générale. La torture entraîne par elle-
même, pour celui qui la subit, une réelle infamie.
Avec cette méthode, c'est donc en imposant
l'infamie qu'on prétend l'écarter.

Le troisième motif qu'on a de donner la
question à celui qu'on suppose coupable, ce sont
les contradictions dans lesquelles il tombe au
cours de son interrogatoire ; mais n'est-il pas
inévitable que la crainte du châtiment, l'incerti-

tude de la sentence, l'apparat et la majesté du
tribunal, l'ignorance commune à tous, coupables
ou non, fassent tomber dans des contradictions
l'innocent qui tremble aussi bien que le criminel
qui cherche à dissimuler ? Et les contradictions,
courantes chez ceux qui ont l'esprit en repos, ne
doivent-elles pas se multiplier dans le trouble
d'une âme qu'absorbe entièrement la pensée
d'échapper à un péril imminent ?

Cet infâme « creuset de la vérité » est un reste
de l'ancienne et sauvage législation où l'on appe-
lait *jugements de Dieu* les épreuves du feu et de
l'eau bouillante et le sort incertain des armes,
comme si les anneaux de la chaîne éternelle qui
repose dans le sein de la Cause première devaient
être à chaque instant dérangés et rompus par les
frivoles institutions humaines. La seule différence entre la torture et les épreuves du feu et de
l'eau bouillante est que l'issue de la première
semble dépendre de la volonté du coupable,
tandis que celle des autres tient à un fait purement physique et extérieur ; encore cette différence est-elle plus apparente que réelle. Il est
aussi impossible de dire la vérité dans les affres de
la torture qu'il l'était autrefois d'empêcher sans
fraude les effets du feu et de l'eau bouillante.
Tous les actes de notre volonté sont proportionnés à la force des impressions sensibles qui en
sont la source, et la sensibilité de tout homme est
limitée. Mais le sentiment de douleur peut croître
à tel point que, remplissant tout entière l'âme du
supplicié, il ne laisse à celui-ci d'autre liberté que
de choisir la voie la plus courte pour se soustraire

momentanément à la souffrance. Alors le coupable ne peut pas plus éviter de répondre qu'il
n'aurait pu échapper aux atteintes du feu ou de
l'eau, et l'innocent se déclarera coupable s'il est
sensible et qu'il pense faire cesser par là ses
tourments. Toute différence entre ces deux
hommes disparaît par le moyen même qu'on
prétend capable de la faire découvrir. | Il est
superflu d'ajouter d'autres éclaircissements en
citant les exemples innombrables d'innocents qui
se sont avoués coupables dans les spasmes de la
torture ; il n'est pas de nation ni de siècle qui ne
puisse fournir de tels exemples. Mais les hommes
sont toujours les mêmes : ils voient les faits sans
en tirer les conséquences. Il n'y a pas d'homme
ayant élevé son esprit au-dessus des besoins de la
vie qui ne soit parfois tenté d'obéir à la voix
secrète et confuse de la nature, mais l'habitude,
ce tyran des âmes, le retient et l'effraie |. Le
résultat de la torture est donc une affaire de
tempérament et de calcul, qui varie pour chacun
en proportion de sa vigueur et de sa sensibilité,
de sorte qu'on pourrait poser le problème suivant, qu'un mathématicien résoudrait sans doute
mieux qu'un juge : Connaissant la force muscu-
laire et la sensibilité des fibres d'un innocent,
trouver le degré de douleur qui l'amènera à
s'avouer coupable d'un crime donné.

L'interrogatoire d'un accusé a pour but de
connaître la vérité ; mais si elle se révèle difficile-
ment à l'air, aux gestes, à la physionomie d'un
homme tranquille, elle se révélera bien moins
encore chez un homme en qui les convulsions de

la douleur altèrent tous les signes par lesquels un coupable peut la laisser involontairement paraître sur son visage. Toute action violente confond ou supprime les minimes différences qui font parfois distinguer le vrai du faux.

Ces vérités ont été reconnues par les législateurs romains, chez lesquels on ne trouve aucune mention de l'usage de la torture, sauf pour les esclaves, qui étaient privés de toute personnalité. Elles sont reconnues en Angleterre, nation où la gloire des lettres, la supériorité du commerce et des richesses et, par là, de la puissance, les exemples de vertu et de courage qu'elle donne, ne laissent pas douter de l'excellence des lois. La torture a été abolie en Suède[1], elle l'a été aussi par l'un des plus sages monarques d'Europe[2], qui, ayant porté la philosophie sur le trône et qui, législateur ami de ses sujets, les a rendus égaux et libres sous la dépendance des lois, seule égalité et seule liberté que des hommes raisonnables puissent exiger dans l'état de choses actuel. La torture n'est pas jugée nécessaire par les lois militaires, alors que les armées sont composées en grande partie de la lie des nations et sembleraient de ce fait devoir y recourir plus que toute autre

1. Abolie en Suède en 1734 pour les délits de droit commun, la torture sera l'objet d'un nouveau décret le 24 août 1772, tout de suite après le coup d'Etat de Gustave III. L'influence de l'œuvre de Beccaria ne fut pas étrangère à cette mesure.

2. Frédéric II de Prusse avait aboli la torture en montant sur le trône en 1740.

classe : il est étrange, pour qui ne songe pas à la puissance tyrannique de l'usage, que les législateurs doivent apprendre d'âmes endurcies au meurtre et au sang la manière la plus humaine de juger les hommes.

Enfin ces vérités ont été senties, bien que confusément, par ceux mêmes qui s'en éloignent. Les aveux faits pendant la torture ne sont valables que confirmés par serment après celle-ci, à défaut de quoi l'accusé est de nouveau soumis à la question. Certains docteurs et certaines nations n'admettent cette infâme pétition de principes que jusqu'à trois fois ; d'autres nations et d'autres docteurs la laissent à l'appréciation du juge, si bien que, de deux hommes également innocents ou également coupables, le plus robuste et le plus courageux sera absous, le plus faible et le plus craintif condamné, en vertu de ce raisonnement catégorique : « Moi, le juge, je devais vous trouver coupables de tel ou tel crime. Toi, l'homme vigoureux, tu as su résister à la douleur, donc je t'acquitte ; toi, le faible, tu y as cédé, donc je te condamne. Je sens bien qu'un aveu arraché dans les tortures n'aurait aucune valeur, mais je vous torturerai de nouveau si vous ne confirmez pas ce que vous avez avoué. »

L'usage de la question entraîne nécessairement une étrange conséquence, c'est que l'innocent est mis dans une situation pire que le coupable ; car, à supposer qu'on leur applique à tous deux la torture, le premier a toutes les chances contre lui : ou bien il avoue le délit, et il est condamné, ou bien il est déclaré innocent, et il a souffert un

supplice immérité, tandis que le coupable a pour
lui une possibilité favorable : s'il résiste à la
torture avec fermeté, on sera forcé de l'acquitter
comme innocent ; il aura subi de la sorte une
peine plus légère que celle qu'il encourait. Donc
l'innocent ne peut que perdre, alors que le
coupable peut gagner.

La loi qui ordonne la torture est une loi qui
dit : « Hommes, résistez à la douleur, et, quoique la nature ait mis en vous un amour inextin-
guible de vous-mêmes et qu'elle vous ait donné le
droit inaliénable de vous défendre, moi, je crée
en vous un sentiment tout opposé, une haine
héroïque de votre personne et je vous ordonne
d'être vos propres accusateurs en disant la vérité,
même au milieu des supplices qui vous arrache-
ront les chairs et vous briseront les os. »

| On donne aussi la torture pour découvrir si le
coupable a commis d'autres crimes outre ceux
dont il est accusé, ce qui revient à tenir ce
raisonnement : « Tu es coupable d'un délit, donc
tu peux en avoir commis cent autres ; ce doute me
pèse, et je veux m'en assurer au moyen de mon
critère de vérité ; les lois te torturent parce que tu
es coupable, parce que tu peux être coupable,
parce que je veux que tu sois coupable » |.

On met enfin un accusé à la question pour
découvrir les complices de son crime ; mais, s'il
est démontré qu'elle n'est pas un moyen oppor-
tun de trouver la vérité, comment pourrait-elle
servir à dévoiler les complices, ce qui est une des
vérités qu'il s'agit de découvrir ? Est-ce que
l'homme qui s'accuse lui-même n'accusera pas

plus facilement les autres ? Est-il juste de tourmenter quelqu'un pour les crimes d'autrui ? Ne
découvrira-t-on pas les complices par l'interrogatoire des témoins, par celui du coupable, par les
preuves et par le corps du délit, bref, par tous les
moyens qui servent à constater le crime de
l'accusé lui-même ? La plupart du temps les
complices prennent la fuite aussitôt après l'arrestation de leur compagnon ; l'incertitude de leur
sort les condamne d'elle-même à s'exiler et
délivre le pays du danger de nouveaux attentats,
cependant que le châtiment du coupable qui est
dans les fers atteint son unique but, qui est
d'éloigner par la crainte les autres hommes d'un
semblable délit.

§ XVII. ‖ DU FISC

Il fut un temps où presque toutes les peines
étaient pécuniaires. Les crimes des sujets devenaient un patrimoine pour le prince. Les attentats contre la sûreté publique étaient une source
de profits : ceux qui étaient chargés de défendre
la société avaient intérêt à la voir lésée. L'objet
des peines était donc un procès entre le fisc (qui
en percevait le prix) et le coupable ; c'était une
affaire civile, contentieuse, privée plutôt que
publique, qui donnait au fisc d'autres droits que
ceux que conférait la défense de la société, et au
coupable d'autres torts que ceux dont on le
punissait pour la nécessité de l'exemple. Le juge
était donc un avocat du fisc plutôt qu'un investi-

gateur impartial de la vérité, un agent du trésor
public plutôt que le protecteur et le ministre des
lois. Mais, avec ce système, s'avouer coupable
était s'avouer débiteur du fisc, ce qui était le but
des procédures criminelles d'alors, et l'aveu du
délit, combiné de façon à favoriser les intérêts du
fisc et à ne pas leur faire tort, devint et est encore
(car les effets se font toujours sentir longtemps
après que les causes ont cessé) le pivot sur lequel
tourne toute la jurisprudence criminelle. Sans cet
aveu, le coupable, bien que convaincu par des
preuves indubitables, subira une peine moindre
que celle qui est prévue pour son crime et ne
subira pas la torture au sujet des autres délits
qu'il pourrait avoir commis, tandis que, s'il
avoue, le juge s'emparera de son corps et le
déchirera méthodiquement pour en tirer, comme
d'un fonds qui lui appartiendrait, tout le profit
possible. L'existence du délit une fois prouvée,
les aveux constituent une preuve convaincante,
mais, pour la rendre plus certaine, on recourt aux
affres et au désespoir de la douleur, en préten-
dant que des aveux libres et tranquilles, sans
appareil judiciaire, sans l'effroi d'un supplice
humiliant, ne suffisent pas pour la condamnation. On exclut les recherches et les preuves qui
éclaireraient le fait mais pourraient nuire aux
intérêts du fisc. Ce n'est pas par égard pour la
faiblesse et l'infortune qu'on épargne parfois les
supplices au coupable, mais à cause du préjudice
que pourrait subir le fisc, cette entité qui aujour-
d'hui nous paraît imaginaire et inconcevable. Le
juge se fait donc l'ennemi du coupable, de cet

homme enchaîné, en proie à la misère et aux
tourments et menacé du plus terrible avenir ; il
cherche non pas la vérité du fait, mais, dans le
prisonnier, le délit. Il lui tend des pièges ; s'il ne
réussissait pas, il croirait tout perdre et faire tort
à cette infaillibilité que l'homme s'arroge en
toutes choses. Le juge a tout pouvoir de déterminer les indices qui permettent l'emprisonnement : pour prouver qu'on est innocent, il faut
être d'abord considéré comme coupable. C'est ce
qu'on peut appeler une *procédure offensive*, et
telles sont en effet les procédures criminelles
presque partout dans l'Europe éclairée du XVIIIe
siècle. La vraie procédure, l'*information*, c'est-
à-dire la recherche impartiale du fait, celle que la
raison commande, celle qu'adoptent les lois militaires et qu'appliquent même les despotes asiati-
ques, est fort peu en usage dans les tribunaux
européens. Labyrinthe inextricable d'étranges
absurdités, qu'une postérité plus heureuse esti-
mera sans doute incroyable ! Seuls les philosophes de ce temps-là pourront s'assurer, en
étudiant la nature humaine, qu'un tel système
était possible ‖.

## § XVIII.  DES SERMENTS

C'est mettre en contradiction les lois avec les
sentiments naturels que d'exiger d'un accusé le
serment de dire la vérité, alors qu'il a tout intérêt
à ne pas la dire. L'homme peut-il jurer de bonne
foi de contribuer à sa propre perte, et, lorsque

l'intérêt parle, la plupart ne font-ils pas taire leurs sentiments religieux ? L'expérience de tous les siècles montre qu'on a toujours abusé de ce précieux don du ciel plus que de toute autre chose. Et pour quelle raison les scélérats le respecteraient-ils, si les hommes qu'on estime les plus sages l'ont souvent méprisé ? Les motifs que la religion oppose au trouble de la peur et à l'amour de la vie sont presque toujours trop faibles parce qu'ils ne touchent pas les sens. Les affaires du ciel sont soumises à des lois toutes différentes de celles qui régissent les affaires humaines. Et pourquoi compromettre ces lois les unes avec les autres ? Pourquoi placer l'homme devant la terrible alternative d'offenser Dieu ou de concourir à sa propre ruine ? La loi, en imposant un tel serment, ordonne d'être mauvais chrétien ou martyr. Peu à peu le serment devient une simple formalité, détruisant par là même la force des sentiments religieux, seul gage de l'honnêteté de la plupart des gens. L'inutilité des serments est démontrée par l'expérience : n'importe quel juge peut m'être témoin qu'aucun serment n'a jamais fait dire la vérité à un coupable ; elle est confirmée par la raison, qui juge inutiles, et par conséquent nuisibles, toutes les lois contraires aux sentiments naturels de l'homme. Il advient d'elles comme des digues qu'on oppose directement au courant d'un fleuve : ou bien elles sont aussitôt renversées et recouvertes par le flot, ou bien elles forment elles-mêmes un tourbillon qui les ronge et les mine insensiblement.

§ XIX.   PROMPTITUDE DU CHÂTIMENT

Plus le châtiment sera prompt, plus il suivra de
près le crime qui a été commis, plus il sera juste
et utile. Je dis juste, parce qu'il épargnera au
coupable les tourments cruels et superflus de
l'incertitude, qu'accroissent la force de son imagination et le sentiment de sa faiblesse, et parce
que la privation de la liberté est une peine qui ne
peut précéder la sentence que si la nécessité
l'exige. L'emprisonnement est donc uniquement
le moyen de s'assurer d'un citoyen jusqu'à ce
qu'il soit jugé coupable, et cette mesure étant
essentiellement pénible doit durer le moins de
temps possible et être le moins rigoureuse qu'il se
peut. La durée doit en être déterminée soit par le
temps nécessaire au procès, soit par le droit de
ceux qui sont détenus depuis plus longtemps
d'être jugés d'abord. Le coupable ne doit pas être
emprisonné plus étroitement que cela est nécessaire pour l'empêcher de s'enfuir ou de cacher les
preuves de son crime. Le procès lui-même doit
être terminé dans les plus brefs délais possibles.
Quel contraste plus cruel que celui de l'indolence
du juge et des angoisses de l'accusé ? D'un côté
les plaisirs et les aises d'un magistrat insensible,
de l'autre les larmes et l'état misérable d'un
prisonnier. D'une manière générale, la peine qui
résulte d'un délit doit avoir le plus d'efficacité
possible pour les autres et le moins de dureté
pour qui la subit ; il n'y a pas en effet de société
méritant le nom de légitime où l'on ne recon-

naisse ce principe incontestable que les hommes n'ont voulu s'assujettir qu'aux moindres maux possible.

J'ai dit que le châtiment est plus utile quand il est prompt, parce que moins il se passe de temps entre le délit et la peine, plus forte et plus durable est dans l'esprit l'association de ces deux idées de *délit* et de *peine*, si bien qu'insensiblement l'un est considéré comme la cause et l'autre comme l'effet nécessaire et infaillible. Il est démontré que la liaison des idées est le ciment qui maintient tout l'édifice de l'entendement humain ; sans elle le plaisir et la douleur seraient des sentiments isolés et sans aucun effet. Plus les hommes sont étrangers aux idées générales et aux principes universels, donc plus ils sont incultes, plus ils agissent sous l'empire des associations immédiates et les plus proches, et négligent les plus éloignées et les plus compliquées. Celles-ci ne sont familières qu'à des hommes plus éclairés : d'une part ceux qui sont uniquement préoccupés par l'objet vers lequel ils tendent et chez qui la lumière de l'attention n'éclaire que cet objet, laissant les autres dans l'ombre, d'autre part les esprits supérieurs qui ont acquis l'habitude de parcourir rapidement un grand nombre d'objets à la fois et sont capables d'opposer les uns aux autres de nombreux sentiments partiels, de sorte que l'action qui en résulte est moins incertaine et moins dangereuse.

Il est donc de la plus grande importance que la peine suive de près le délit si l'on veut que dans l'esprit grossier du vulgaire la peinture séduisante d'un délit profitable éveille immédiatement l'idée étroitement associée de la peine. Un long retard ne fait que séparer toujours plus ces deux idées et, quelle que soit l'impression que produit le châtiment d'un délit, cette impression tardive est surtout celle d'un spectacle, car, dans l'esprit des spectateurs, s'est affaiblie alors l'horreur de tel crime particulier qui devrait servir à renforcer en eux la crainte du châtiment.

Un autre principe contribue grandement à resserrer encore la liaison entre le délit et la peine, c'est que celle-ci doit être aussi conforme que possible à la nature de celui-là. Cette analogie accentue singulièrement le contraste qui doit exister entre l'attrait du délit et l'effet que la peine exerce sur d'autres gens, en les éloignant du chemin où risquait de les engager l'idée séduisante d'une infraction à la loi, et en les ramenant vers le but opposé.

§ XX.  VIOLENCES

Les attentats contre la personne sont une autre sorte de délits que les attentats contre les biens. Les premiers doivent être incontestablement punis de peines corporelles : ni les grands ni les riches ne doivent pouvoir expier à prix d'argent leurs forfaits contre les faibles et les pauvres ; sinon, la richesse qui, sous la protection des lois, doit être la récompense du travail, devient l'aliment de la tyrannie. Il n'y a plus de liberté dès lors que les lois permettent qu'en certaines circonstances l'homme cesse d'être une *personne* pour devenir une *chose*. On voit alors l'homme puissant consacrer toute son activité à tirer des innombrables combinaisons sociales les possibilités les plus favorables que lui offre la loi. C'est ainsi qu'il découvre le secret de changer comme par magie les citoyens en bêtes de somme ; il a en mains la chaîne qui les force, dans leur faiblesse et leur imprévoyance, à agir selon sa volonté. Voilà comment, dans certains gouvernements qui ont toutes les apparences de la liberté, la tyrannie reste cachée ou s'introduit furtivement dans quelque coin négligé par le législateur, où elle se fortifie et grandit peu à peu. On oppose ordinairement les digues les plus solides à la tyrannie ouverte, sans voir l'insecte imperceptible qui les ronge et qui ouvre au fleuve dévastateur une voie d'autant plus sûre qu'elle est plus secrète.

§ XXI. | CHÂTIMENT DES NOBLES

De quelles peines devra-t-on donc punir les délits des nobles, dont les privilèges forment en grande partie les lois des nations ? Je n'examinerai pas si la distinction entre nobles et roturiers est utile au gouvernement ou nécessaire à la monarchie, s'il est vrai que la noblesse forme un pouvoir intermédiaire qui limite les excès des deux extrêmes, ou si elle ne représente pas plutôt une classe à part, esclave d'elle-même et des autres, et qui, semblable aux fertiles et charmantes oasis qui tranchent sur l'aridité des vastes déserts d'Arabie, enferme en un cercle étroit toute la circulation du crédit et toutes les espérances d'avenir. Quand il serait vrai que l'inégalité est inévitable ou utile aux sociétés, n'est-il pas vrai aussi qu'elle doit se trouver entre les classes plutôt qu'entre les individus, s'arrêter en un certain point plutôt que de se répandre dans tout le corps politique, se perpétuer plutôt que de disparaître pour renaître sans cesse ? Quoi qu'il en soit de ces questions, je me bornerai aux seules peines encourues par les hommes de condition, en affirmant qu'elles doivent être les mêmes pour le premier citoyen et pour le dernier. Toute distinction d'honneurs ou de fortune suppose, pour être légitime, une égalité antérieure fondée sur les lois, lesquelles considèrent tous les sujets comme dépendant également d'elles. On doit admettre que, renonçant à leur despotisme originel, les hommes ont dit : « Que le plus industrieux reçoive les plus grands honneurs, et que sa renommée brille aussi sur ses descendants, mais que ces succès et ces honneurs, en augmentant son ambition, ne l'amènent pas à craindre moins que les autres de violer les lois qui l'ont élevé au-dessus d'eux. » Il est vrai qu'aucune diète du genre humain n'a émis de tels décrets, mais ils existent dans la nature immuable des choses ; sans détruire les avantages que l'on suppose découler de la noblesse, ils en empêchent les inconvénients : ils font redouter les lois en barrant la route à l'impunité. On me dira que la même peine infligée au noble et au roturier n'est pas vraiment la même, à cause de la différence d'éducation et à cause de la honte qui se répand sur une famille illustre. Je répondrai que le châtiment ne se mesure pas à la sensibilité du coupable, mais au tort fait à la société, et que celui-ci est d'autant plus grave qu'il est commis par un homme favorisé du sort — que l'égalité des châtiments ne peut être qu'extérieure, puisque en réalité ils diffèrent pour chaque individu — et qu'enfin le déshonneur d'une famille innocente peut être effacé par des marques publiques de la bienveillance du souverain. Qui ne sait que ces démonstrations tiennent lieu de raisons au peuple crédule et le remplissent d'admiration ? |

§ XXII. DU VOL

Un vol qui n'est pas accompagné de violence devrait être puni d'une sanction pécuniaire. Celui qui cherche à s'enrichir du bien d'autrui devrait être dépouillé du sien. Mais le vol n'a d'ordinaire pour causes que la misère et le désespoir ; il est le fait de cette classe d'hommes infortunés à qui le droit de propriété (droit terrible et qui n'est peut-être pas nécessaire) n'a laissé qu'une existence dénuée de tout ; | d'autre part les peines pécuniaires créent plus de coupables qu'elles ne punissent de délits et enlèvent le pain à des innocents en l'enlevant aux criminels ; le châtiment le plus opportun | sera donc la seule sorte d'esclavage qu'on puisse appeler juste, l'asservissement temporaire du travail et de la personne du coupable à la société, afin de la dédommager, par cette dépendance personnelle et complète, du pouvoir injuste et despotique qu'il a usurpé sur le pacte social. Mais quand au vol se mêle la violence, la peine doit être également un mélange de servitude et de châtiment corporel. D'autres écrivains ont démontré avant moi l'abus évident qui consiste à punir des mêmes peines les vols commis avec violence et les vols purement frauduleux, et à admettre ainsi l'équivalence absurde d'une grosse somme d'argent et de la vie d'un homme ; mais il n'est jamais inutile de répéter des vérités qui n'ont pour ainsi dire jamais été mises en pratique. La machine politique conserve plus longtemps que toute autre le mouvement qui lui a été imprimé ; elle est la plus lente à en adopter un nouveau.

Les délits mentionnés ici sont de nature différente, et, en politique aussi, se vérifie l'axiome mathématique que les quantités hétérogènes sont séparées par l'infini.

## § XXIII. DE L'INFAMIE

Les injures personnelles, contraires à l'honneur, c'est-à-dire à la juste portion d'estime qu'un citoyen a le droit d'attendre des autres, doivent être punies d'infamie. Cette infamie est un signe de la réprobation publique, qui prive le coupable de la considération générale, de la confiance de sa patrie et de cette sorte de fraternité qui lie les membres de la société. Cette infamie-là n'est pas du ressort de la loi. Il faut donc que l'infamie légale concorde avec celle qui résulte de la nature des choses, avec la morale universelle, ou du moins avec la morale dépendant des systèmes particuliers qui régissent l'opinion publique de telle ou telle nation. Si elles diffèrent l'une de l'autre, ou bien la loi cesse d'être respectée, ou bien ce sont les idées de morale et de probité qui s'évanouissent, en dépit de toutes les déclamations, toujours impuissantes contre les exemples. Si l'on déclare infâmes des actions indifférentes en elles-mêmes, on atténue l'infamie de celles qui le sont réellement. Les peines infamantes ne doivent pas être trop fréquentes, parce que, si l'on recourt trop souvent au pouvoir de l'opinion, on affaiblit ce pouvoir ; elles ne doivent pas, d'autre part, frapper trop de gens à la fois, parce que l'infamie d'un grand nombre d'hommes se réduit à ne plus être l'infamie de personne.

‖ On ne doit pas punir de châtiments corporels et douloureux les délits fondés sur l'orgueil et qui tireraient de la douleur même leur gloire et leur aliment. La peine qui convient en pareil cas est la honte du ridicule, arme si puissante que la vérité même n'en triomphe qu'avec peine au prix d'efforts longs et obstinés, et qui refrène l'orgueil des fanatiques par celui des spectateurs. C'est ainsi, en opposant une force à l'autre et l'opinion à l'opinion, que le sage législateur peut dissiper l'admiration et la surprise que cause au peuple un faux principe dont l'absurdité foncière lui est masquée d'ordinaire par des arguments spécieux ‖.

Tels sont les moyens de se conformer à l'ordre et à la nature invariable des choses, dont l'action incessante, ignorant les limites du temps, renverse et anéantit les règles particulières qui s'écartent d'elle. Les beaux-arts ne sont pas seuls soumis au principe universel qu'est l'imitation fidèle de la nature; la politique elle-même, du moins la politique réelle et durable, obéit à cette maxime générale, puisqu'elle n'est autre chose que l'art de diriger et d'harmoniser les sentiments éternels des hommes.

§ XXIV.  DE L'OISIVETÉ POLITIQUE

Celui qui trouble la tranquillité publique et n'obéit pas aux lois, qui sont les conditions nécessaires pour que les hommes se supportent et se défendent mutuellement, doit être exclu de la société, c'est-à-dire banni. Voilà pourquoi les gouvernements sages ne souffrent pas, au sein du travail et de l'activité, l'espèce d'oisiveté politique que de graves déclamateurs ont confondue avec les loisirs provenant de la fortune acquise par le travail, loisirs utiles, nécessaires à mesure que la société s'étend et que l'administration se centralise. J'appelle oisiveté politique celle qui ne contribue au bien général ni par son travail ni par ses richesses, qui acquiert toujours sans se dessaisir de rien, que le vulgaire respecte avec une admiration stupide, mais que le sage regarde avec une pitié dédaigneuse pour ceux qui en sont les victimes. Privée de cet aiguillon de l'activité qu'est le besoin de garder ou d'accroître les commodités de la vie, cette oisiveté laisse aux passions de l'opinion, qui ne sont pas les moins fortes, toute leur énergie. On ne peut regarder comme politiquement oisif celui qui jouit du fruit des vices ou des vertus de ses ancêtres et vend, en échange de ses plaisirs présents, le pain et l'existence au pauvre qui travaille et qui, au lieu de combats incertains et sanglants contre la force, mène la guerre paisible et silencieuse de l'activité contre l'opulence. Aussi n'est-ce pas à la vertu austère et bornée de quelques censeurs, mais aux lois de définir quelle sorte d'oisiveté est punissable.

‖ Il semble que le bannissement devrait être prononcé contre ceux qui sont accusés d'un crime atroce et dont la condamnation est très probable sinon certaine; mais il faudrait pour cela une règle la moins arbitraire et la plus précise possible, qui punisse de bannissement celui qui a mis la nation dans la terrible alternative de le craindre ou de lui faire tort, mais en lui laissant cependant le droit sacré de prouver son innocence. Il faudrait en outre, pour appliquer cette peine, des motifs plus forts contre un citoyen que contre un étranger, ou contre un homme inculpé pour la première fois que contre un récidiviste ‖.

§ XXV.  BANNISSEMENT ET CONFISCATIONS

Celui qui est banni et exclu pour toujours de la société dont il était membre doit-il être privé de

ses biens ? Cette question peut être envisagée
sous différents aspects. La perte des biens est une
peine plus grave que le bannissement. Il doit
donc y avoir des cas où, proportionnellement au
délit, on appliquera la confiscation totale ou
partielle des biens, et d'autres où elle n'aura pas
lieu. La confiscation sera totale quand le bannissement décrété par la loi sera de nature à
supprimer tous les rapports entre la société et le
citoyen délinquant ; dès lors le citoyen est mort,
et il ne reste que l'homme ; relativement au corps
politique les effets sont les mêmes que ceux de la
mort naturelle. Il semble donc que les biens
enlevés au condamné devraient revenir à ses
héritiers légitimes plutôt qu'au prince, puisqu'un
tel bannissement équivaut à la mort par rapport à
la société. Mais ce n'est pas ce raisonnement
subtil qui m'amène à désapprouver les confiscations. Quelques-uns ont soutenu que ces dernières étaient un frein aux vengeances et à
l'arrogance des particuliers, mais ils n'ont pas
réfléchi que, même si un châtiment produit
d'heureux effets, il n'est pas forcément juste pour
autant, car, pour être juste, il doit être nécessaire.
Une injustice utile ne peut être tolérée par le
législateur, s'il veut fermer toutes les portes à la
tyrannie toujours en éveil, qui nous abuse par un
bien momentané et par l'avantage qu'elle procure
à quelques grands, sans égard pour les désastres à
venir ni pour les larmes d'une multitude de gens
obscurs. Les confiscations mettent à prix la tête
des faibles, font retomber le châtiment du coupable sur des innocents qu'elles plongent dans le

désespoir et qu'elles forcent à commettre à leur
tour des délits. Quel spectacle plus triste que
celui d'une famille réduite à la honte et à la
misère par le crime de son chef, crime que la
soumission ordonnée par les lois l'aurait empê-
chée de prévenir, quand bien même elle en aurait
eu les moyens ?

§ XXVI.  DE L'ESPRIT DE FAMILLE

Les funestes injustices dont nous venons de
parler ont été consacrées par l'usage, approuvées
par les hommes les plus éclairés et pratiquées par
les plus libres républiques, parce qu'on voyait
dans la société une association de familles plutôt
que d'hommes. Supposons un ensemble de cent
mille hommes soit vingt mille familles, chacune
composée de cinq personnes y compris le chef qui
la représente : si l'association est faite par familles, il y aura vingt mille hommes et quatre-vingt
mille esclaves ; si c'est une association d'hommes,
il y aura cent mille citoyens et aucun esclave.
Dans le premier cas, il s'agira d'une république
composée de vingt mille petites monarchies.
Dans le second cas, l'esprit de liberté soufflera
non seulement sur les places publiques et dans les
assemblées de la nation, mais aussi à l'intérieur
des maisons, où réside pour une bonne part le
bonheur ou le malheur des individus. Les lois et
les coutumes de la société étant l'émanation des
sentiments habituels de ses membres, ce sont,
dans le premier cas, les chefs de famille qui

introduiront peu à peu l'esprit monarchique dans
la république ; ses effets ne rencontreront d'obstacle que dans l'opposition des intérêts particuliers et non dans un sentiment de liberté et
d'égalité. L'esprit de famille se cantonne dans les
détails et les objets peu importants. L'esprit qui
anime les républiques embrasse les principes
généraux, discerne les faits et les range en de
grandes classes selon leur importance pour le
bien de la communauté. Dans une société composée de familles, les fils restent sous la puissance
du chef tant qu'il vit et sont forcés d'attendre sa
mort pour mener une existence qui ne dépende
que des lois. Accoutumés à la soumission et à la
crainte en pleine force de l'âge, alors que les
sentiments ne sont pas encore atténués par la
timidité née de l'expérience et qu'on appelle
modération, comment pourront-ils surmonter les
obstacles que le vice oppose constamment à la
vertu, lorsqu'ils seront à l'âge de la faiblesse et du
déclin, où l'on n'est plus capable de réformes
vigoureuses, surtout parce qu'on désespère d'en
voir les fruits ?

Si la république est formée d'hommes, la
subordination, au sein de la famille, ne résulte
pas d'une autorité imposée, mais d'un contrat, et,
quand le fils n'est plus à l'âge où l'on dépend
naturellement de ses parents à cause de sa
faiblesse, des besoins de son éducation et de sa
défense, il devient un membre libre de la cité, et
c'est afin de participer aux avantages de celle-ci
qu'il se soumet au chef de famille, comme le font
les hommes libres dans la grande famille qu'est la

société. Dans le premier cas, les fils, c'est-à-dire la partie la plus nombreuse et la plus utile de la nation, sont à la merci de leur père; dans le second, le seul lien qui leur soit imposé est le devoir inviolable et sacré de se prêter mutuellement toute l'aide nécessaire, outre celui de la gratitude pour les bienfaits reçus. Ce lien, ce n'est pas tant la méchanceté du cœur humain qui le détruit, que la sujétion mal entendue prescrite par les lois.

Cette opposition entre les lois fondamentales de la société et celles de la famille est une source abondante d'autres contradictions entre la morale publique et la morale domestique et engendre un conflit perpétuel dans l'âme de chaque homme. La morale domestique inspire la soumission et la crainte, l'autre le courage et la liberté; la première enseigne à restreindre le dévouement à un petit nombre de personnes qu'on n'a même pas choisies, la seconde à l'étendre à toutes les classes d'hommes; l'une exige le sacrifice continuel à une vaine idole qu'on appelle *le bien de la famille*, qui n'est souvent le bien d'aucun de ses membres, l'autre conseille de suivre son intérêt sans contrevenir aux lois, mais peut inciter l'homme à s'immoler à la patrie, en le récompensant par l'enthousiasme qui précède l'action. De telles contradictions dégoûtent les hommes de suivre la vertu, qui leur apparaît incohérente, confuse et lointaine, à cause de l'obscurité qui enveloppe les idées morales comme les objets matériels. Que de fois, en se rappelant ses actions passées, on reste stupéfait de sa malhonnêteté! A mesure que la société s'agrandit, chacun de ses membres devient une plus petite partie du tout, et le sens social s'affaiblit dans la même proportion, si les lois ne veillent pas à le renforcer. Les sociétés ont, aussi bien que le corps humain, des limites déterminées et elles ne peuvent s'accroître au-delà sans que leur structure en soit troublée. Il semble que la grandeur d'un Etat doivent être en raison inverse du sentiment national des citoyens. Si au contraire l'une et l'autre augmentaient à la fois, les bonnes lois rencontreraient, dans le bien même qu'elles auraient fait, un empêchement à prévenir les délits. Un Etat trop vaste n'échappe au despotisme qu'en se subdivisant en plusieurs Etats confédérés. Mais comment y parvenir, si ce n'est en recourant à un dictateur qui ait le courage de Sylla, avec autant de génie pour édifier qu'il en eut pour détruire. Un tel homme, s'il est ambitieux, acquerra une gloire immortelle ; s'il est philosophe, les bénédictions de ses concitoyens le consoleront d'avoir sacrifié son autorité, à moins qu'il ne devienne indifférent à leur ingratitude. A mesure que s'affaiblissent les sentiments qui nous unissent à la nation, se fortifie en revanche notre attachement pour ce qui nous entoure. Aussi est-ce sous le despotisme le plus rigoureux que les amitiés sont les plus durables et que les vertus familiales, toujours médiocres, deviennent les plus communes, ou plutôt sont les seules qui subsistent.

On peut juger par ce qui précède combien ont été bornées les vues de la plupart des législateurs.

§ (XXVII.) MODÉRATION DES PEINES

Le cours de mes pensées m'a fait sortir de mon sujet, et j'ai hâte d'y revenir pour me faire mieux comprendre. Un des moyens les plus sûrs de réprimer les délits, ce n'est pas la rigueur des châtiments, mais leur caractère infaillible, par conséquent la vigilance des magistrats et, de la part du juge, la sévérité inexorable qui, pour être une vertu efficace, doit aller de pair avec une législation clémente. La certitude d'une punition, même modérée, fera toujours plus d'impression que la crainte d'une peine terrible si à cette crainte se mêle l'espoir de l'impunité ; les moindres maux, s'ils sont inévitables, effraient les hommes, tandis que l'espoir, ce don du ciel qui souvent nous tient lieu de tout, écarte la perspective des pires châtiments, surtout s'il est renforcé par des exemples de l'impunité qu'un juge faible ou cupide accorde fréquemment. Plus le châtiment dont on est menacé est cruel, plus on a de hardiesse pour l'esquiver, si bien que l'on commet plusieurs délits pour fuir le châtiment d'un seul. Les pays et les époques où l'on infligeait les supplices les plus atroces ont toujours été ceux où se commettaient les actions les plus sanglantes et les plus monstrueuses, car l'esprit féroce qui guidait la main du législateur conduisait aussi celle du parricide et de l'assassin. La même férocité poussait le souverain à dicter des lois de fer aux âmes serviles qui lui obéis-

saient, et les hommes du peuple à immoler les
tyrans pour en créer de nouveaux.

A mesure que les supplices deviennent plus
cruels, les âmes s'endurcissent, semblables aux
fluides qui se mettent toujours au niveau de ce
qui les entoure, et, malgré toute leur passion,
après cent ans de cruautés, elles ne s'effraient pas
plus de la roue qu'autrefois de la prison. Pour
qu'un châtiment produise l'effet voulu, il suffit
qu'il surpasse l'avantage résultant du délit ;
encore faut-il faire entrer en ligne de compte la
certitude de la punition et la perte du profit
escompté. Tout ce qui va plus loin est superflu et
porte la marque de la tyrannie. Les hommes
règlent leur conduite sur l'expérience des maux
qu'ils connaissent, et non sur ceux qu'ils igno-
rent. Supposons deux nations ayant chacune une
échelle de peines proportionnées aux délits ; si,
dans l'une des deux, la peine la plus grave est
l'esclavage perpétuel et, dans l'autre, le supplice
de la roue, je dis que dans toutes deux la crainte
de la peine la plus grave sera la même. Si,
pour une raison quelconque, la première de ces
nations adopte les peines plus rigoureuses de
la seconde, celle-ci, pour la même raison, aggra-
vera encore ses châtiments, en passant graduelle-
ment de la roue à des supplices plus lents et
plus recherchés, jusqu'aux derniers raffinements
de cette science que connaissent trop bien les
tyrans.

La cruauté du châtiment a deux autres conséquences funestes et contraires au but même qu'il
se propose, qui est de prévenir les délits. La

première est qu'il est bien difficile d'observer la proportion voulue entre le délit et la peine, car, quelles que soient les nombreuses espèces de supplices imaginés par une ingénieuse barbarie, ils ne peuvent tout de même dépasser l'extrême limite de la sensibilité et des forces humaines. Cette limite une fois atteinte, on ne saurait trouver, pour des crimes plus graves et plus affreux, la peine correspondante qui serait nécessaire pour en prévenir de semblables. L'autre conséquence est que l'atrocité même des supplices fait naître l'impunité. Pour le bien comme pour le mal, il y a des bornes aux facultés humaines, et un supplice dont le spectacle est trop horrible ne peut être que l'effet d'une fureur passagère, mais non pas d'une méthode constante et légale. Si les lois sont réellement cruelles, ou bien on les change, ou bien elles donnent fatalement naissance à l'impunité.

Qui ne frémirait d'horreur en voyant dans l'histoire les supplices barbares et inutiles inventés et appliqués froidement par des hommes qui se prétendaient sages ? Qui ne serait remué jusqu'au fond de l'âme par le tableau de ces milliers de malheureux que la misère, voulue ou tolérée par des lois toujours favorables au petit nombre et cruelles à la masse, a forcés de retourner à l'état de nature ? Les uns sont accusés de crimes impossibles, inventés par la crainte et l'ignorance, d'autres ne sont coupables que d'être fidèles à leurs principes. Et des hommes doués des mêmes sens qu'eux, et par conséquent des mêmes passions, les déchirent méthodiquement au milieu de lentes tortures, agréable spectacle pour une multitude fanatique.

§ XXVIII. DE LA PEINE DE MORT

Cette vaine profusion de supplices, qui n'ont jamais rendu les hommes meilleurs, m'a poussé à examiner si, dans un gouvernement bien organisé, la peine de mort est vraiment utile et juste. En vertu de quel droit les hommes peuvent-ils se permettre de tuer leurs semblables? Ce droit n'est certainement pas celui sur lequel reposent la souveraineté et les lois. Celles-ci ne sont que la somme des petites portions de liberté abandonnées par chaque individu; elles représentent la volonté générale, qui est la réunion des volontés particulières. Or qui aurait eu l'idée de concéder à d'autres le pouvoir de le tuer? Comment supposer que le minime sacrifice de liberté fait par chacun puisse comprendre celui du plus grand de tous les biens, la vie? Et quand cela serait, comment concilier ce principe avec celui qui refuse à l'homme le droit de se tuer lui-même? Et, n'ayant pas ce droit, comment pouvait-il l'accorder à un autre ou à la société?

La peine de mort n'est donc pas un droit, je viens de démontrer qu'elle ne peut pas l'être, mais une guerre de la nation contre un citoyen qu'elle juge nécessaire ou utile de supprimer. Mais si je prouve que cette peine n'est ni utile ni nécessaire, j'aurai fait triompher la cause de l'humanité.

La mort d'un citoyen ne peut être jugée utile
que pour deux motifs : d'abord si, quoique privé
de sa liberté, il a encore des relations et un
pouvoir tels qu'il soit une menace pour la sécurité
de la nation, et si son existence peut provoquer
une révolution dangereuse pour la forme du
gouvernement établi. La mort d'un citoyen
devient donc nécessaire quand la nation est en
train de recouvrer sa liberté ou de la perdre, dans
une époque d'anarchie, quand c'est le désordre
qui fait la loi. Mais sous le règne paisible de la
légalité, sous un gouvernement approuvé par
l'ensemble de la nation, bien défendu à l'extérieur et à l'intérieur par la force et par l'opinion
peut-être plus efficace que la force, là où le
pouvoir n'appartient qu'au véritable souverain,
où la richesse achète les plaisirs et non l'autorité,
il ne saurait y avoir aucune nécessité de faire périr
un citoyen, à moins que sa mort ne soit le
meilleur ou l'unique moyen de dissuader les
autres de commettre des crimes, second motif qui
peut faire regarder la peine de mort comme juste
et nécessaire.

Si l'on n'est pas convaincu par l'expérience de
tous les siècles, où le dernier supplice n'a jamais
empêché des hommes résolus de nuire à la société,
ni par l'exemple des citoyens romains, ni par
les vingt ans de règne d'Elisabeth de Moscovie [1],

---

1. Elisabeth Petrovna (1709-1761) régna à partir du coup
d'Etat du 25 novembre 1741. Elle promit alors de ne pas
permettre d'exécutions capitales pendant son règne et abolit
la peine de mort par ses deux décrets de 1753 et 1754.

qui a donné aux chefs des peuples un illustre exemple, qui équivaut pour le moins à bien des conquêtes que la patrie paie du sang de ses fils, si le langage de la raison paraît suspect et moins efficace que celui de l'autorité, il suffira d'étudier la nature de l'homme pour sentir la vérité de ce que j'avance.

Ce n'est pas la sévérité de la peine qui produit le plus d'effet sur l'esprit des hommes, mais sa durée. Notre sensibilité s'émeut plus facilement et de façon plus persistante d'impressions légères mais répétées que d'un choc violent mais passager. L'habitude exerce un empire universel sur tout être sensible, et comme c'est grâce à elle qu'il parle, qu'il marche et pourvoit à ses besoins, les idées morales ne s'impriment dans son esprit qu'à condition de le frapper longtemps et souvent. Le frein le plus puissant pour arrêter les crimes n'est pas le spectacle terrible mais momentané de la mort d'un scélérat, c'est le tourment d'un homme privé de sa liberté, transformé en bête de somme et qui paie par ses fatigues le tort qu'il a fait à la société. Chacun de nous peut faire un retour sur lui-même et se dire : « Moi aussi je serai réduit pour longtemps à une condition aussi misérable si je commets de semblables forfaits. » Cette pensée, efficace parce que souvent répétée, agit bien plus puissamment que l'idée toujours vague et lointaine de la mort.

L'impression causée par la peine de mort ne compense pas, si forte soit-elle, l'oubli rapide où elle tombe, oubli naturel à l'homme, même dans les choses les plus essentielles, et que les passions accélèrent encore. En règle générale, les passions violentes saisissent vivement, mais jamais pour longtemps ; cependant elles peuvent provoquer des révolutions qui, d'hommes ordinaires, font soit des Perses, soit des Spartiates ; mais, sous un gouvernement libre et tranquille, il faut des impressions durables plutôt que fortes.

Pour la plupart des gens la peine de mort est un spectacle et, pour quelques-uns, l'objet d'une compassion mêlée de mépris ; chacun de ces deux sentiments occupe l'esprit des spectateurs, au lieu de la terreur salutaire que la loi prétend inspirer, tandis qu'en présence de peines modérées, mais qui durent, c'est ce dernier sentiment qui domine ou qui règne seul. La rigueur des châtiments devrait s'arrêter au point où le sentiment de compassion des spectateurs commence à prévaloir sur tout autre, devant un supplice fait pour eux plus encore que pour le coupable.

| Pour qu'une peine soit juste, elle ne doit avoir que le degré de rigueur suffisant pour détourner du crime. Or il n'est personne qui, en y réfléchissant, puisse choisir la perte totale et définitive de sa liberté, si avantageux que puisse être le crime. Ainsi donc les travaux forcés à perpétuité, substitués à la peine de mort, ont toute la sévérité voulue pour détourner du crime l'esprit le plus déterminé. Je dirai plus : beaucoup de gens regardent la mort d'un œil tranquille et ferme, les uns par fanatisme, d'autres par vanité, sentiment qui accompagne les hommes au-delà du tombeau ; d'autres enfin veulent tenter ce moyen désespéré d'échapper à leur vie de misères. Mais

ni le fanatisme ni la vanité ne persistent dans les
fers et les chaînes, sous le bâton et sous le joug,
dans une cage de fer, et les maux du malheureux,
au lieu de finir, ne font alors que commencer.
Notre âme supporte à la rigueur la violence et les
douleurs extrêmes mais passagères en ramassant
sur un seul moment sa force de résistance, tandis
que sa vigueur et son élasticité mêmes ne peuvent
à la longue endurer des tourments incessants. Si
l'on applique la peine de mort, il faut un crime
pour chaque exemple qu'on donne à la nation ;
avec la détention perpétuelle, chaque délit donne
des exemples nombreux et durables. Si l'on tient
à montrer fréquemment aux hommes le pouvoir
des lois, les exécutions capitales ne doivent pas
être trop éloignées les unes des autres ; elles
supposent donc de fréquents délits ; il s'ensuit
nécessairement que ce supplice, qu'on veut utile,
ne fera pas toute l'impression qu'il devrait faire ;
il est donc à la fois utile et inutile. On m'objectera
peut-être que la réclusion perpétuelle est aussi
douloureuse que la mort, et par conséquent tout
aussi cruelle ; je répondrai qu'elle le sera peut-
être davantage, si on additionne tous les moments
malheureux qu'elle comporte, mais ceux-ci
s'étendent sur toute la vie, alors que la mort
déploie toute sa force en un seul instant ; et c'est
l'avantage de la peine de réclusion, d'épouvanter
plus celui qui la voit que celui qui la subit, parce
que le premier considère la somme de tous les
moments pénibles et que le second est distrait par
le malheur présent de la pensée des peines à
venir. L'imagination exagère tous les maux, et

celui qui subit une peine trouve des ressources et
des consolations inconnues des spectateurs, car
ceux-ci prêtent leurs propres sentiments à l'âme
endurcie du malheureux |.

Un voleur ou un assassin qui n'a pas d'autre
alternative que de respecter les lois ou de subir la
potence ou la roue fait à peu près le raisonnement
suivant. (Je sais bien que c'est l'éducation qui
enseigne l'art de développer les sentiments de son
âme ; mais si un voleur est incapable de bien
rendre ses principes, ceux-ci n'en exercent pas
moins leurs effets.) « Que sont, dirait-il, ces lois
que je dois respecter et qui font une si grande
différence entre le riche et moi ? Il me refuse un
sou que je lui demande et, en guise d'excuse,
m'exhorte à travailler, chose que lui-même ne
saurait faire. Et ces lois, qui les a faites ? Des gens
riches et puissants qui n'ont jamais daigné visiter
la sombre chaumière du pauvre, qui n'ont jamais
eu comme lui à partager un pain moisi avec des
petits innocents criant de faim et leur mère en
larmes. Rompons ces liens funestes à la plupart
des hommes et qui ne profitent qu'à un petit
nombre de tyrans oisifs ; attaquons l'injustice à sa
source. Je retournerai à mon état d'indépendance
naturelle, je vivrai libre et heureux pour quelque
temps des fruits de mon courage et de mon
adresse. Le jour viendra peut-être de la douleur
et du repentir, mais ils ne dureront pas, et, pour
un seul jour de souffrance, j'aurai eu des années
de liberté et de plaisirs. A la tête d'une petite
troupe, je corrigerai les erreurs de la fortune et je
verrai pâlir et trembler ces tyrans devant celui

que leur morgue insolente traitait moins bien que leurs chevaux et leurs chiens. » Alors se présentera à l'esprit du scélérat la religion, dont il saura abuser comme de toute chose; elle diminuera sensiblement l'horreur de l'ultime tragédie en lui offrant l'occasion d'un repentir facile et l'assurance de l'éternelle félicité.

Mais celui qui a devant les yeux de longues années ou même une vie entière de captivité et de douleur, où il sera l'esclave des lois qui le protégeaient naguère, exposé aux regards de ses concitoyens dont il était l'égal et l'associé, fera une salutaire comparaison de tout cela avec le succès incertain de ses forfaits et le peu de temps où il en pourra goûter les fruits. L'exemple constant de ceux qu'il voit victimes de leur maladresse lui fait une impression beaucoup plus forte que le spectacle d'un supplice qui l'endurcit plus qu'il ne le corrige.

La peine de mort est nuisible par l'exemple de cruauté qu'elle donne. Si les passions ont rendu la guerre inévitable et enseigné à répandre le sang, les lois, dont le but est d'assagir les hommes, ne devraient pas étendre cet exemple de férocité, d'autant plus funeste qu'elles donnent la mort avec plus de formes et de méthode. Il me paraît absurde que les lois, qui sont l'expression de la volonté générale, qui réprouvent et punissent l'homicide, en commettent elles-mêmes et, pour détourner les citoyens de l'assassinat, ordonnent l'assassinat public. Quelles sont les lois vraiment utiles? Ce sont les pactes et les conventions que tous seraient prêts à proposer et à observer, alors que la voix, toujours trop écoutée, de l'intérêt particulier se tait ou se mêle à celle de l'intérêt commun. Quel est le sentiment général sur la peine de mort ? On peut le lire dans l'indignation et le mépris qu'inspire la vue du bourreau, qui n'est pourtant que l'exécuteur innocent de la volonté publique, un bon citoyen qui contribue au bien de tous, l'instrument nécessaire de la sûreté de l'Etat au-dedans, de même que les vaillants soldats la défendent au-dehors. D'où vient alors cette contradiction ? Et pourquoi cette répulsion invincible qui fait honte à la raison ? Parce que, au plus secret de leur âme, où les sentiments naturels gardent encore leur forme primitive, les hommes ont toujours cru que leur vie n'est au pouvoir de personne, si ce n'est de la nécessité qui tient le monde entier sous son sceptre de fer.

Que doivent penser les gens en voyant les sages magistrats et les graves ministres de la justice faire traîner un coupable à la mort avec tranquillité, avec indifférence, après de longs préparatifs ? Et, tandis que le malheureux attend le coup fatal dans les transes et les suprêmes angoisses, le juge, froid et insensible, peut-être même secrètement satisfait de son autorité, s'en va goûter les agréments et les plaisirs de la vie. « Hélas, se dira-t-on, ces lois ne sont que les prétextes de la force et les formes hypocrites de la justice ; elles ne sont qu'un langage inventé pour nous perdre plus sûrement et nous immoler comme des victimes offertes à l'idole insatiable du despotisme. L'assassinat, qu'on nous représente

comme un crime horrible, nous le voyons
employer sans répugnance et sans passion.
Sachons nous prévaloir de cet exemple. La mort
violente nous était dépeinte comme un drame
effrayant, mais, nous le savons, ce n'est que
l'affaire d'un moment. Combien ce sera moins
encore pour celui qui n'a pas à l'attendre et
s'épargne ainsi presque tout ce qu'elle a de
douloureux ! » Tels sont les raisonnements
erronés et funestes que font plus ou moins
consciemment les hommes disposés au crime, sur
qui, nous l'avons vu, l'abus qu'ils font de la
religion a plus de pouvoir que la religion elle-
même.

Si l'on m'oppose l'exemple de la plupart des
siècles et des nations qui ont appliqué la peine de
mort à certains délits, je répondrai que cet
exemple perd toute sa force devant la vérité
imprescriptible et que l'histoire de l'humanité est
comme un immense océan d'erreurs où surnagent
en désordre, éparses çà et là, quelques vérités.
Presque toutes les nations ont pratiqué les sacri-
fices humains ; en sont-elles plus excusables ? Il
me suffit, pour appuyer mon opinion, qu'un petit
nombre de sociétés se soient abstenues, fût-ce
pour peu de temps, d'employer la peine de mort ;
c'est en effet le sort des grandes vérités de durer
l'espace d'un éclair au milieu de la longue et
profonde nuit qui enveloppe le monde. Ils ne
sont pas encore venus, les temps heureux où c'est
la vérité, et non plus l'erreur, qui sera le partage
de plus grand nombre ; seules ont été exemptes
jusqu'ici de cette loi universelle les vérités que la

Sagesse infinie a voulu distinguer des autres par la révélation.

La voix d'un philosophe est trop faible pour dominer le tumulte et les cris de tant de gens guidés par l'aveugle préjugé, mais un petit nombre de sages disséminés sur la surface de la terre feront écho à cette voix dans le fond de leur cœur. Et si la vérité peut franchir les obstacles innombrables qui l'écartent d'un monarque sans que celui-ci le veuille, et parvenir jusqu'à son trône, qu'il sache que, s'il l'accueille, sa gloire effacera la renommée sanglante des conquérants et qu'une juste postérité inscrira son nom à la première place parmi les trophées pacifiques d'un Titus, d'un Antonin et d'un Trajan.

Heureux le genre humain, si, pour la première fois, des lois lui étaient données par des souverains tels que nous en voyons aujourd'hui sur les trônes d'Europe, monarques bienfaisants, promoteurs des vertus pacifiques, des sciences et des arts, pères de leurs peuples, véritables citoyens couronnés ! L'affermissement de leur pouvoir fait le bonheur des sujets en supprimant un despotisme d'autant plus cruel qu'il est moins assuré, qui s'interpose entre le souverain et le peuple pour étouffer les vœux de celui-ci, ces vœux toujours sincères, et toujours heureux lorsqu'ils peuvent se faire entendre du prince. Si ces monarques laissent subsister les anciennes lois, c'est qu'il est extrêmement difficile de faire disparaître des erreurs que recouvre la rouille vénérable des siècles, et c'est un motif pour que

tout citoyen éclairé souhaite avec plus d'ardeur
l'accroissement continuel de leur autorité.

## § XXIX. DE L'EMPRISONNEMENT

Le sentiment de la sécurité personnelle étant le
but de la société, c'est par une erreur contraire à
ce but, mais très répandue, qu'on laisse au
magistrat exécuteur des lois le pouvoir d'emprisonner un citoyen, d'ôter la liberté à un ennemi
sous de frivoles prétextes, et d'accorder l'impunité à un ami, malgré les plus forts indices de
culpabilité. L'emprisonnement est une peine qui,
à la différence de tout autre, doit nécessairement
précéder la preuve du délit, mais cette particula-
rité ne supprime pas le principe fondamental qui
veut que la loi seule détermine les cas où un
homme mérite d'être puni. La loi doit donc
indiquer sur quels indices il faut emprisonner un
accusé, le soumettre à un interrogatoire et à un
châtiment. La rumeur publique, les aveux extra-
judiciaires, ceux d'un complice, les menaces de
l'accusé, son inimitié constante pour la victime,
l'existence d'un corps de délit et autres indices
semblables suffisent pour emprisonner un
citoyen, mais ils doivent être spécifiés par la loi et
non appréciés par un juge, dont les décrets sont
préjudiciables à la liberté politique tant qu'ils ne
sont pas l'application particulière d'un principe
général contenu dans le code. A mesure que les
peines seront plus modérées, que la misère et la
faim disparaîtront des cachots, que la compassion

et l'humanité en franchiront les portes de fer et s'imposeront aux hommes inexorables et endurcis qui exercent la justice, les lois pourront se contenter d'indices plus faibles pour ordonner l'emprisonnement. Un homme accusé d'un délit, incarcéré, puis acquitté devrait être exempt de toute note d'infamie. Combien de Romains, accusés des plus grands forfaits, puis reconnus innocents, ne furent-ils pas ensuite entourés du respect populaire et honorés des plus hautes magistratures! Pourquoi, dans les mêmes circonstances, le sort d'un innocent est-il, de nos jours, si différent? Parce que, dans l'état présent de la jurisprudence criminelle, l'idée de la force et de la puissance prévaut dans l'esprit des hommes sur celle de la justice, parce qu'on jette pêle-mêle dans le même caveau les accusés et les condamnés, parce que la prison est un châtiment plutôt que le moyen de s'assurer d'un accusé, ‖ et parce que la force qui protège les lois à l'intérieur est distincte de celle qui défend le trône et la nation à l'extérieur, alors qu'elles devraient être unies. Ainsi la première, grâce à l'appui commun des lois, serait combinée, quant aux compétences judiciaires, avec l'autre, sans être cependant placée sous son autorité immédiate. La gloire, la pompe et le faste de la force armée supprimeraient l'infamie qui, comme tous les sentiments populaires, s'attache à la forme plus qu'à la chose elle-même; il est prouvé en effet que, selon l'opinion publique, la prison militaire est moins infamante que la prison civile ‖. Dans les mœurs et dans les lois d'un peuple, toujours en retard de

plus d'un siècle sur les lumières de son époque,
subsistent encore la barbarie et les idées féroces
des chasseurs du Nord, nos ancêtres.

On a prétendu qu'un délit, c'est-à-dire un acte
contraire aux lois, peut être puni où que ce soit
qu'il ait été commis, comme si la qualité de sujet
était indélébile, synonyme de celle d'esclave ou
pire encore, comme si un homme pouvait être
sujet d'un prince tout en habitant les Etats d'un
autre, et que ses actes pussent relever sans
inconvénient de deux souverains et de deux codes
souvent contradictoires. Certains croient qu'un
crime commis par exemple à Constantinople peut
être puni à Paris, pour la raison tout abstraite que
celui qui viole les droits de l'humanité mérite la
haine de toute l'humanité et l'exécration universelle ; or la tâche des juges est de faire respecter
non pas les sentiments des hommes, mais bien les
pactes qui les lient entre eux. Le lieu du châtiment ne peut être que le lieu du délit, attendu
que c'est là et non ailleurs qu'existe l'obligation
de sévir contre un particulier pour défendre le
bien public. Un scélérat, qui n'a pas violé les lois
d'une société dont il n'est pas membre, peut être
un objet de crainte, et par conséquent refoulé par
l'autorité supérieure du pays étranger, mais non
pas puni selon les lois de ce pays, car les lois
punissent le tort qui leur est fait, mais non pas la
perversité qui peut inspirer les actions.

Un coupable dont le délit n'est pas trop grave
est ordinairement enfermé dans une prison obscure, ou envoyé pour l'exemple dans une nation
qu'il n'a pas lésée, pour y être soumis à un

esclavage lointain, donc quasi inutile. Comme les hommes ne se décident pas d'un moment à l'autre à commettre les plus grands crimes, le châtiment public d'un délit grave sera considéré par la plupart de ceux qui y assistent comme une chose étrangère qui ne peut pas leur arriver. La punition de délits moins considérables et dont l'esprit se sent plus proche fera sur les spectateurs une impression qui, en les détournant de ces derniers, les éloignera d'autant plus des autres.

§ XXX. DURÉE DES PROCÈS ET PRESCRIPTION

Une fois que les preuves ont été reconnues valables et la certitude du délit établie, il faut accorder à l'accusé le temps et les moyens nécessaires pour se justifier ; mais ce temps doit être assez bref pour ne pas compromettre la promptitude du châtiment, dont le but principal est, nous l'avons vu, de refréner les délits. Un amour mal entendu de l'humanité semble devoir s'opposer à cette promptitude, mais ce scrupule disparaîtra si l'on réfléchit que le danger de condamner un innocent s'accroît surtout par les défauts de la législation.

Ce sont les lois qui doivent fixer avec précision le laps de temps nécessaire tant à la défense de l'accusé qu'à l'administration des preuves ; si le juge devait en décider, il se substituerait au législateur. D'autre part, les crimes affreux dont les hommes gardent longtemps le souvenir n'admettent, une fois prouvés, aucune prescription

en faveur d'un condamné qui se serait soustrait
au châtiment par la fuite. Mais, dans les délits
moins graves et mal éclaircis, la prescription doit
mettre fin à l'incertitude d'un accusé quant au
sort qui l'attend ; en effet, lorsqu'un délit est
resté longtemps plongé dans l'obscurité, l'exemple de l'impunité perd toute importance, et le
coupable garde la possibilité de s'amender. Je me
borne à indiquer ici des principes, car on ne
pourrait fixer des limites précises qu'en envisa-
geant une législation et une situation sociale
données. J'ajouterai seulement que, dans une
nation qui aurait reconnu l'utilité des peines
modérées, les lois devraient fixer pour la prescription ou pour l'administration des preuves un
délai plus ou moins long selon la gravité des cas et
compter la prison ou l'exil volontaire pour une
partie du châtiment ; il serait facile d'établir alors
un classement comportant un petit nombre de
punitions clémentes pour un grand nombre de
méfaits.

Toutefois ces délais ne sauraient s'accroître en
raison directe de la gravité de chaque faute, car la
probabilité d'un délit est inversement propor-
tionnelle à son importance. Il faudra donc parfois
abréger le temps consacré à l'instruction judiciaire et allonger celui de la prescription. Voilà
qui paraîtra contredire ce que j'ai avancé sur la
possibilité d'appliquer les mêmes châtiments à
des fautes dissemblables si l'on considère comme
une peine la prison préventive ou l'exil volontaire
précédant le jugement. Je dirai pour me faire
mieux entendre que je distingue deux classes de

délits : la première est celle des crimes atroces, commençant par l'homicide et comprenant au-delà tous les pires forfaits ; la seconde est celle des délits de moindre gravité. Cette distinction est fondée sur la nature humaine. La sûreté personnelle est un droit naturel, la sûreté des biens est un droit social. Les motifs qui poussent les hommes à passer outre au sentiment naturel de compassion sont infiniment moins nombreux que ceux qui les conduisent à violer, par avidité de bien-être, un droit qu'ils ne trouvent pas dans leur cœur, mais dans les conventions de la société. La très grande différence entre ces deux classes de délits quant à leur probabilité exige qu'on les soumette à des principes différents. Etant donné que les crimes les plus graves sont aussi les plus rares, il faut, pour eux, diminuer la durée de l'instruction, vu les probabilités plus grandes que l'accusé soit innocent ; en revanche il faut prolonger le délai de la prescription, parce que seul le verdict définitif établissant l'innocence ou la culpabilité d'un homme met fin à son espoir d'impunité, impunité d'autant plus nuisible que le crime est plus atroce. Mais pour des délits moins importants, l'innocence de l'accusé étant moins probable, l'instruction doit durer plus longtemps et, comme les inconvénients de l'impunité sont moindres, on doit abréger le délai de prescription. Cette distinction entre deux classes de délits ne serait pas admissible si les dangers de l'impunité diminuaient dans la mesure où s'accroît la probabilité du délit. | Mais qu'on y réfléchisse : un accusé libéré faute de

preuves et dont on n'a pu démontrer ni l'innocence ni la culpabilité peut être soumis, pour le
même forfait, à un nouvel emprisonnement et à
de nouveaux interrogatoires tant que le délai de
prescription prévu pour ce forfait n'est pas
écoulé. Telle est du moins la mesure qui me
semblerait opportune pour défendre et la sûreté
des individus et leur liberté, car il est trop facile
de favoriser l'une aux dépens de l'autre, et ces
deux biens, qui forment ensemble le patrimoine
de tous les citoyens, ne seraient plus alors
protégés et gardés, l'un du despotisme manifeste
ou larvé, l'autre des désordres de l'anarchie
populaire |.

## § XXXI.  DÉLITS DIFFICILES À PROUVER

Etant donné les principes que nous venons de
poser, il semblera étrange, au premier abord, que
la raison n'ait presque jamais présidé à la législation des Etats. Les crimes les plus atroces, les
plus obscurs, les plus chimériques sont établis au
moyen de simples conjectures, des preuves les
moins solides et les plus équivoques. On dirait
que le seul intérêt des lois et du juge soit non pas
de rechercher la vérité, mais de prouver le délit ;
or le danger de condamner un innocent est
d'autant plus grand que la probabilité de l'innocence l'emporte sur celle du crime. La plupart
des hommes manquent de l'énergie également
nécessaire aux grands crimes et aux grandes
vertus, qui semblent aller de pair dans les nations

dont la force réside moins dans leur masse et l'excellence de leurs lois que dans l'activité du gouvernement et dans l'amour passionné du bien public. Ailleurs les passions affaiblies semblent plus propres à maintenir la forme du gouvernement qu'à l'améliorer. Il en résulte cette conséquence importante, que les grands crimes ne prouvent pas toujours le déclin d'une nation.

Certains crimes sont à la fois fréquents dans la société et difficiles à prouver, et la difficulté de la preuve y tient lieu de probabilité d'innocence ; en pareil cas, le danger résultant de l'impunité est d'autant moins appréciable que la fréquence des délits est sans rapport avec lui ; la durée de l'instruction doit alors être réduite aussi bien que le délai de prescription. Ainsi l'adultère et la pédérastie, crimes dont la preuve est difficile, sont de ceux qui, selon les principes reçus, admettent les présomptions arbitraires, les *quasi-preuves*, les *semi-preuves* (comme si quelqu'un pouvait être *à demi innocent, à demi coupable*, donc *à moitié punissable* et *à moitié acquittable*) ; ils sont de ceux où la torture exerce son cruel empire sur l'accusé, sur les témoins, et enfin sur toute la famille d'un malheureux, car c'est là ce qu'enseignent avec une impassible iniquité certains docteurs dont les principes sont pour les juges la règle et la loi.

L'adultère est un délit qui, du point de vue politique, tire sa force et son orientation de deux causes : la diversité des lois humaines et le puissant attrait qui pousse l'un des sexes vers l'autre ; cet attrait est semblable en bien des

points à la gravitation universelle, puisque,
comme elle, il diminue avec la distance et que, si
l'une de ces forces influence tous les mouvements
des corps, l'autre fait de même pour les mouvements de l'âme, tant que dure son action ; elles
diffèrent l'une de l'autre en ce que la pesanteur se
met en équilibre avec les obstacles qu'elle rencontre, tandis que l'autre ne fait que croître en
raison même des obstacles.

Si je m'adressais à des nations encore privées
des lumières de la religion, je dirais qu'il y a
encore une autre différence considérable entre ce
délit et les autres. Il provient de l'abus d'un
besoin constant et universel antérieur à la société,
dont il est même le fondateur, alors que les autres
forfaits qui, eux, tendent à la destruction de cette
société sont déterminés à l'origine par des passions momentanées plutôt que par un besoin de la
nature. Pour qui connaît l'homme et l'histoire, il
peut paraître que le nombre des délits causés par
ce besoin reste constant dans un même climat. Si
cela se vérifiait, les lois et les coutumes qui
chercheraient à diminuer cette somme totale
seraient inutiles et même pernicieuses, car elles
auraient pour effet de charger une partie des
citoyens des besoins des autres en plus des leurs.
Elles seraient sages au contraire, celles qui,
suivant pour ainsi dire la pente naturelle du
terrain, diviseraient la totalité de ce fleuve en
autant de ruisseaux égaux qu'il en faut pour
empêcher aussi bien la sécheresse que l'inonda-
tion. La fidélité conjugale dépend du nombre et
de la liberté des mariages. Là où ils obéissent aux

préjugés héréditaires, où ils sont arrangés ou
empêchés par la puissance paternelle, la galante-
rie en rompra secrètement les liens, en dépit de la
morale vulgaire qui a coutume de déclamer
contre les effets au lieu de s'en prendre aux
causes. Mais ces réflexions sont inutiles à ceux
qui, vivant dans la vraie religion, ont les motifs
les plus élevés pour combattre les impulsions de
la nature. Ce délit est un acte si momentané et si
mystérieux, si bien caché par le voile que les lois
mêmes ont tendu — voile nécessaire, mais ténu,
qui augmente le prix de la chose au lieu de le
diminuer — les occasions sont si faciles et les
conséquences si incertaines que le législateur a
moins de peine à prévenir la faute qu'à la
corriger. Règle générale : dans tout délit qui, de
par sa nature, demeure le plus souvent impuni, la
peine devient un aiguillon. C'est le propre de
notre esprit que les difficultés, à moins d'être
insurmontables ou trop difficiles à vaincre pour
l'indolence de certains, excitent plus vivement
l'imagination et fassent paraître plus précieux
l'objet de nos désirs ; elles sont comme autant de
barrières qui empêchent l'imagination vagabonde
et capricieuse de s'écarter de cet objet et l'obligent à le considérer sous tous les aspects, mais,
selon sa tendance naturelle, l'âme s'attache
ardemment aux idées agréables qui s'y rappor-
tent, tandis qu'elle évite soigneusement d'envisager les possibilités de souffrance ou de malheur.

La pédérastie, que les lois punissent avec tant
de sévérité et contre laquelle on recourt si
facilement aux tortures qui triomphent de l'inno-

cence même, dérive moins des besoins de l'homme isolé et libre que des passions serviles de celui qui vit en société. Elle peut être causée par la satiété des plaisirs, mais provient plus souvent d'une éducation qui, pour rendre les hommes utiles aux autres, commence par les rendre inutiles à eux-mêmes, dans ces maisons où est entassée une ardente jeunesse à qui tout autre commerce est interdit par une muraille infranchissable et qui se prépare une vieillesse prématurée en consumant d'avance, inutilement pour l'humanité, toute sa vigueur adolescente.

L'infanticide, d'autre part, est le résultat inéluctable de l'alternative où est placée une femme qui a succombé par faiblesse ou qui a été victime de la violence. Entre la honte et la mort d'un être incapable d'en ressentir les atteintes, comment ne choisirait-elle pas ce dernier parti, plutôt que d'être exposée, avec son malheureux enfant, à une misère certaine ? La meilleure manière de prévenir ce délit serait de protéger par des lois efficaces la faiblesse contre la tyrannie, qui accuse bien haut les vices qu'on ne peut pas couvrir du manteau de la vertu.

Je ne prétends pas atténuer la juste horreur que méritent ces délits. Mais, après en avoir indiqué les sources, je me crois en droit d'en tirer une conséquence générale, c'est qu'on ne peut appeler juste (ou nécessaire, ce qui revient au même) la punition d'un crime, tant que la loi n'a pas eu recours, pour le prévenir, au meilleur moyen possible, étant donné les circonstances où se trouve la nation.

§ XXXII.  DU SUICIDE

Le suicide est un délit qui semble ne pas pouvoir entraîner un châtiment proprement dit, puisque celui-ci ne saurait tomber que sur des innocents ou sur un corps insensible et inanimé. Dans ce dernier cas la punition ne fera pas plus d'impression sur les vivants que le fouet donné à une statue ; dans le premier, elle est injuste et arbitraire, car la liberté exige que les peines soient purement personnelles. Les hommes aiment trop la vie, et tout ce qui les entoure fortifie cet attachement. L'image séduisante du plaisir, et l'espérance, douce illusion des mortels qui leur fait avaler à longs traits l'amer breuvage où quelques gouttes de bonheur sont mêlées à tant de maux, cette espérance les charme trop pour qu'on doive craindre que l'impunité du suicide ait sur les hommes une influence dangereuse. Celui qui craint la souffrance obéit aux lois. Quel sera donc le motif capable de retenir la main du désespéré qui se suicide ?

Celui qui se tue fait moins de tort à la société que celui qui émigre pour toujours, car le premier laisse tous ses biens dans sa patrie, tandis que l'autre s'en va en emportant une partie de ce qu'il possède. Bien plus, comme la force d'une nation consiste dans le nombre des citoyens, il fait deux fois plus de mal en s'expatriant et en se fixant dans le pays voisin que celui qui se retranche seulement de la société par la mort. La question se ramène donc à savoir s'il est utile ou

nuisible à la nation de laisser chaque citoyen
entièrement libre de la quitter.

Une loi qui n'est pas armée pour se faire
respecter ou que les circonstances rendent inopé-
rante ne devrait jamais être promulguée. L'opinion, qui règne sur les esprits, obéit aux impulsions que le législateur lui donne par des voies
lentes et indirectes et résiste à une action immédiate et violente ; aussi les lois inutiles sont-elles
l'objet du mépris général ; elles communiquent
leur avilissement même aux lois les plus salu-
taires, qu'on finit par regarder comme un obstacle à surmonter, et non plus comme le gage du
bien public. Or, notre sensibilité étant limitée,
ainsi que nous l'avons dit, plus les hommes
auront le respect pour les objets étrangers aux
lois, moins il leur en restera pour les lois elles-
mêmes. Ceux qui pourvoient avec sagesse au
bonheur général peuvent tirer de ce principe
quelques conséquences utiles ; je ne veux pas les
exposer ici, afin de ne pas m'écarter trop de mon
sujet, qui est de montrer qu'il est vain de vouloir
faire d'un Etat une prison. Une loi interdisant
l'émigration serait inutile. A moins que le pays
soit séparé de tous les autres par des écueils
infranchissables, des mers où toute navigation
serait impossible, comment garder tous les points
de son pourtour, et comment surveiller les sur-
veillants ? Celui qui emporte tout ne peut en être
puni dès l'instant où il l'a fait, et le punir
auparavant serait punir la volonté des gens, et
non leurs actes, ce serait régenter les intentions,
qui sont ce qu'il y a de plus libre en l'homme, de

plus indépendant des lois. ‖ Faire tomber le châtiment sur les biens qu'il a laissés au pays — outre la collusion facile, inévitable à moins de violer arbitrairement les contrats entre citoyens — ce serait paralyser le commerce entre les nations ‖. Punir le coupable quand il reviendrait au pays, ce serait aggraver le tort fait à la société, en rendant les absences définitives. L'interdiction de sortir d'un pays ne fait qu'accroître chez les nationaux le désir de le quitter, et dissuader les étrangers d'y venir. Que penser d'un gouvernement qui n'a d'autre moyen que la crainte pour retenir les gens sur le sol natal, auquel ils sont naturellement attachés par les premières impressions de l'enfance ?

La manière la plus sûre de fixer les citoyens dans leur patrie est d'augmenter le bien-être de chacun. De même qu'on doit faire tous ses efforts pour se rendre favorable la balance commerciale, c'est l'intérêt majeur du souverain et de la nation que la somme de bonheur soit plus grande chez eux que dans les pays voisins. Les plaisirs du luxe ne sont pas, d'ailleurs, le principal élément dudit bonheur, bien qu'en empêchant la richesse de s'accumuler entre les mains d'un seul, il soit un remède nécessaire à l'inégalité qui croît avec les progrès de la nation. Lorsque l'étendue d'un pays augmente dans une plus forte mesure que sa population, le luxe favorise le despotisme, d'abord parce que, moins les habitants sont nombreux, moins l'industrie s'y développe, et moins il y a d'industrie, plus le pauvre dépend du riche et de son faste. L'union des opprimés

contre les oppresseurs est alors d'autant plus
difficile et moins redoutable. L'obséquiosité et la
soumission, la complaisance et le respect, les
emplois et les distinctions, qui rendent plus
sensible la distance entre le fort et le faible, sont
plus faciles, les uns à obtenir, les autres à
octroyer si l'on n'a affaire qu'à un petit nombre
d'hommes. Les citoyens sont plus indépendants
s'ils sont moins surveillés et sont moins surveillés
s'ils sont plus nombreux. Mais dans les pays où la
population s'accroît au contraire plus fortement
que le territoire, le luxe s'oppose au despotisme,
car il augmente l'industrie et l'activité, et les
besoins accrus offrent au riche trop de plaisirs et
de commodités pour que l'ostentation, qui ren-
force le sentiment de dépendance, prenne la
première place. On peut observer en effet que
dans les Etats vastes, mais faibles et dépeuplés, le
luxe d'ostentation prévaut sur celui de commo-
dité, à moins que d'autres raisons y mettent
obstacle, et que l'inverse se produit dans les pays
plus peuplés qu'étendus. Mais le commerce et les
échanges résultant des plaisirs du luxe présentent
un inconvénient : bien qu'un grand nombre de
personnes y soient occupées, ils ont leur source
dans un petit nombre d'hommes et, pour finir, ne
profitent qu'à peu d'entre eux ; ceux-ci en goû-
tent seuls la plupart des avantages, si bien que
cette activité n'empêche pas le sentiment de la
misère, lequel provient de la comparaison plus
que de la réalité même. Mais la sécurité et une
liberté limitée par les seules lois, voilà le fondement principal du bonheur public ; unis à elles,

les plaisirs du luxe sont un avantage pour la population ; sans elles, ils deviennent l'instrument de la tyrannie. De même que les plus nobles animaux et les oiseaux les plus libres se réfugient dans la solitude et les fourrés inaccessibles, abandonnant les fertiles et riantes campagnes à l'homme qui leur tend ses pièges, de même le peuple fuit les plaisirs quand c'est un tyran qui les lui offre.

Il est donc démontré que la loi qui emprisonne les sujets dans leur pays est inutile et injuste, et que la punition du suicide ne l'est pas moins. Quoique ce délit soit une faute punie par Dieu qui seul peut punir après la mort, ce n'est même pas un délit devant les hommes, puisque le châtiment, au lieu de frapper le coupable lui-même, n'atteint que sa famille. Si l'on m'objecte que la crainte de ce châtiment peut néanmoins empêcher un homme de se donner la mort, alors qu'il y est décidé, je répondrai ceci : un homme qui, en toute tranquillité d'esprit, renonce au bonheur de vivre et qui hait l'existence d'ici-bas au point de lui préférer une éternité de malheur ne sera certainement pas ému par la considération plus lointaine et moins forte de ses enfants et de ses parents.

§ XXXIII.   DE LA CONTREBANDE

La contrebande est un véritable délit qui lèse le souverain et la nation, mais qui ne devrait pas être frappé d'une peine infamante, attendu que l'opinion publique n'y attache aucune idée de honte. Punir de peines infamantes des délits qui ne sont pas réputés honteux, c'est affaiblir le sentiment de réprobation à l'égard de forfaits qui le sont réellement. Si l'on voit par exemple appliquer la même peine de mort aussi bien à celui qui tue un faisan qu'à celui qui commet un assassinat, on ne fera plus aucune différence entre ces deux sortes de délits ; c'est ainsi que disparaîtront les sentiments moraux, œuvre de tant de siècles et qui a coûté tant de sang, ces sentiments si lents et si difficiles à éveiller dans l'âme humaine qu'il a fallu recourir pour cela aux motifs les plus élevés et à tout un appareil de graves formalités.

C'est la loi elle-même qui engendre la contrebande, car en élevant les droits on en augmente l'avantage et, par conséquent la tentation de la pratiquer ; d'autre part elle est d'autant plus facile que les frontières à surveiller sont plus étendues et le volume de la marchandise plus réduit. La confiscation des marchandises de contrebande, ainsi que de tout ce qui peut les accompagner, est une peine tout à fait juste, mais elle sera d'autant plus efficace que les droits seront moins élevés, car les hommes ne courent que des risques proportionnés aux avantages qu'ils peuvent retirer du succès de leur entreprise.

Mais pourquoi donc ce délit ne cause-t-il pas d'infamie à son auteur, puisque c'est un vol commis aux dépens du prince, autrement dit de la nation ? Parce qu'un délit dont les gens pensent n'avoir pas à souffrir ne les intéresse pas assez pour provoquer leur indignation contre celui qui le commet. Tel est le cas de la contrebande. Les conséquences éloignées font fort peu d'impression sur les hommes; ils ne voient pas le dommage que peut leur occasionner la contrebande, dont les avantages leur profitent même souvent, du moins momentanément. Ils ne voient que le tort fait au prince et n'y trouvent pas autant de raisons de refuser leur estime au contrebandier qu'ils en auraient à l'égard d'un voleur, d'un faussaire ou de l'auteur de tout autre méfait qui pourrait leur nuire personnellement. C'est un principe évident que tout être sensible ne s'intéresse qu'aux désagréments qu'il connaît par expérience.

Mais si le coupable n'a rien à perdre, faudrat-il lui accorder l'impunité? Non. Certains actes de contrebande sont si étroitement liés au régime des impôts, chapitre essentiel et combien difficile d'une bonne législation, qu'ils méritent une peine considérable, jusqu'à la prison même et jusqu'aux travaux forcés. Mais l'un et l'autre de ces châtiments doivent être conformes à la nature du délit. Ainsi la détention de celui qui aura fait la contrebande du tabac ne sera pas celle de l'assassin ou du voleur, et les travaux auxquels il sera astreint se limiteront au service de l'administration même qu'il a voulu frauder : ce sera là la peine la plus convenable à ce genre de délit.

§ XXXIV.  DES FAILLITES

La bonne foi qui doit régner dans les contrats
ainsi que la sécurité du commerce obligent le
législateur à assurer aux créanciers la personne
des débiteurs faillis, mais je crois important de
distinguer celui qui fait une faillite frauduleuse
du débiteur insolvable mais innocent. Le premier
devrait être puni comme les faux-monnayeurs,
car falsifier un morceau de métal monnayé, qui
est le gage des obligations des citoyens entre eux,
n'est pas un plus grand crime que de falsifier ces
obligations elles-mêmes. ‖ Mais le failli de bonne
foi, celui qui, après un examen rigoureux, a
prouvé devant ses juges qu'il a été dépouillé de
ses biens soit par la malhonnêteté des autres, soit
par leurs propres revers, soit encore par des
vicissitudes que la sagesse humaine ne peut
éviter, pour quelle raison barbare doit-il être jeté
dans un cachot et privé de l'unique et triste bien
qui lui reste, la liberté ? Pourquoi faut-il qu'il
éprouve les mêmes angoisses qu'un criminel et
que, dans le désespoir de la probité opprimée, il
se repente peut-être de l'innocence où il vivait
tranquille sous la protection des lois ? Il n'était
pas en son pouvoir de ne pas les enfreindre, ces
lois qu'impose l'avidité des puissants et que
subissent les faibles, séduits par la lueur d'espoir
qui subsiste toujours dans l'âme humaine et qui
nous fait croire que la malchance est pour les
autres et la réussite pour nous. La tendance des
hommes est manifestement d'aimer les lois

sévères, quoique des lois modérées soient plus
conformes à leur intérêt, puisqu'ils y sont soumis
eux-mêmes ; mais la crainte d'être lésé est plus
forte que le désir de nuire. Mais revenons au failli
de bonne foi. J'admets que ses obligations envers
ses créanciers ne doivent pas être éteintes avant
qu'il ait entièrement payé sa dette, qu'on ne
puisse l'autoriser à s'y soustraire sans le consente-
ment des parties intéressées ni à porter ailleurs
son activité, laquelle devrait être employée obli-
gatoirement, sous peine de sanctions, à le mettre
en état de satisfaire ses créanciers proportionnellement à ses gains. Mais quel prétexte légitime
pourra-t-on invoquer, tels que la sûreté du
commerce et les droits sacrés de la propriété,
pour justifier une privation de liberté qui sera
inutile, sauf le cas, bien peu probable après un
examen sévère, où les maux de la détention
pourraient faire découvrir en lui un faux innocent. Je considère comme une maxime de la
législation que les inconvénients politiques résultant de ces principes sont à la fois en raison
directe du tort fait à la société et en raison inverse
de la difficulté de le vérifier. On pourrait distinguer la tromperie de la faute grave, celle-ci de la
faute légère et cette dernière de la parfaite
innocence, et assigner au premier de ces délits les
peines prévues pour les falsifications, au second
des peines moindres, mais avec privation de
liberté ; quant au failli de bonne foi, il aurait le
libre choix des moyens de rétablir sa situation,
choix qu'on n'accorderait pas à celui qui a
commis une faute légère, et qu'on laisserait aux

créanciers. Mais c'est la loi, aveugle et impartiale, qui doit établir ces distinctions entre fautes graves et fautes légères, et non l'appréciation dangereuse et arbitraire des juges. Il est aussi nécessaire de fixer des limites en politique pour mesurer le bien public, qu'en mathématiques pour mesurer les grandeurs[1].

Qu'il serait facile au législateur prévoyant d'empêcher une grande partie des banqueroutes frauduleuses et de remédier à la détresse du débiteur innocent et laborieux ! L'enregistrement public et ostensible de tous les contrats et la liberté pour tous les citoyens d'en consulter les documents bien ordonnés, une banque publique alimentée par des contributions sagement réparties que fourniraient les commerces prospères et sur lesquelles on prélèverait les sommes convenables pour venir en aide au négociant malheureux mais non coupable, voilà des mesures qui ne présenteraient aucun inconvénient réel, et d'in-

---

1. ‖ Le commerce et la propriété ne sont pas un but du pacte social, mais peuvent être un moyen d'atteindre ce but. Exposer tous les membres de la société aux maux résultant des multiples combinaisons qu'on imagine pour favoriser l'un et l'autre serait subordonner le but aux moyens, paralogisme de toutes les sciences, et surtout de la politique. C'est l'erreur que j'ai commise dans les précédentes éditions, où je disais que le failli de bonne foi devait être gardé comme gage de ses dettes, ou employé à travailler comme un esclave pour ses créanciers. J'ai honte d'avoir écrit cela. On m'a accusé d'impiété et de sédition, reproches que je ne méritais nullement. En revanche, j'ai attenté aux droits de l'humanité, et personne ne me l'a reproché. ‖ (N.d.A.)

nombrables avantages. Mais les lois faciles à établir, les lois simples et grandes qui n'attendent qu'un signe du législateur pour répandre au sein de la nation la vigueur et l'abondance, ces lois que, de génération en génération, salueraient les hymnes d'une reconnaissance éternelle, ces lois sont ou les moins connues ou les moins voulues. Un esprit inquiet et mesquin, la timidité, une prudence qui ne voit que le moment présent, une méfiance invincible pour toutes les nouveautés, tels sont les sentiments dominants de ceux qui règlent les multiples activités des faibles humains ‖.


§ XXXV.  DU DROIT D'ASILE

Il me reste deux questions à examiner. La première est celle-ci : le droit d'asile est-il juste, et l'usage établi entre les nations de se rendre réciproquement les coupables est-il utile ou non ? A l'intérieur des limites d'un Etat il ne doit exister aucun lieu qui soit soustrait à l'action des lois. Leur pouvoir doit suivre chaque citoyen comme l'ombre suit le corps. Entre l'impunité et l'asile il n'y a qu'une différence de degré et, comme la certitude du châtiment fait plus d'impression que sa rigueur, les asiles invitent plus au crime que les peines n'en éloignent. Multiplier les asiles, c'est former autant de petits Etats souverains, car là où l'on échappe au pouvoir des lois il peut s'en établir de nouvelles, opposées aux lois communes et d'un esprit contraire à celui de la société dans son ensemble. Toute l'histoire montre que les asiles ont donné naissance à de grandes révolutions dans les Etats et dans les idées. Mais est-il donc utile que les nations se rendent réciproquement leurs criminels ? Sans doute, la conviction de ne pas trouver le moindre coin de terre où les véritables délits ne soient pas punis serait un moyen efficace de les prévenir. Mais je n'oserais trancher cette question tant que des lois plus conformes aux besoins de l'humanité, des peines plus modérées, des esprits affranchis de l'arbitraire et de l'opinion n'assureront pas les droits de l'innocence opprimée et de la vertu bafouée, tant que la raison universelle qui unit toujours plus étroitement les intérêts du trône à ceux des sujets n'aura pas relégué la tyrannie dans les vastes plaines de l'Asie.

## § XXXVI. DE L'USAGE DE METTRE LA TÊTE À PRIX

La seconde question est de savoir s'il est utile de mettre à prix la tête d'un homme reconnu coupable et d'armer le bras de chaque citoyen pour en faire un bourreau. Ou bien le coupable est sorti de son pays, ou bien il y est resté. Dans le premier cas le souverain incite les gens à commettre un crime et les expose au supplice ; il fait injure à la nation étrangère, empiète sur son autorité et l'autorise à agir de même à son égard. Dans le second cas il montre sa faiblesse. De plus, un tel usage renverse toutes les notions de morale et de vertu, déjà promptes à s'évanouir au moindre souffle. Tantôt les lois poussent à la trahison, tantôt elles la punissent. D'une main le législateur resserre les liens de famille, de parenté et d'amitié, de l'autre il récompense celui qui les rompt et les déchire ; sans cesse en contradiction avec lui-même, il invite d'une part à la confiance les esprits soupçonneux et sème d'autre part la méfiance dans tous les cœurs. Pour prévenir un délit il en fait naître cent. Ce sont là des expédients de nations faibles dont les lois ressemblent aux réparations momentanées d'un édifice croulant qui menace ruine de toute part. A mesure que s'étendent les lumières dans une nation, la bonne foi et la confiance réciproques deviennent plus nécessaires et tendent à se confondre avec la véritable politique. Alors l'imposture, les cabales, les voies obscures et tortueuses sont déjouées pour la plupart, et le sentiment général l'emporte sur celui de chaque particulier. Les siècles d'ignorance eux-mêmes, où la morale publique n'était pas en état de prévaloir sur la morale privée, servent d'enseignement et d'expérience aux siècles éclairés. Mais les lois qui récompensent la trahison et qui allument entre les citoyens une guerre clandestine en excitant leurs soupçons réciproques s'opposent à cette union si nécessaire de la morale et de la politique qui donnerait aux hommes le bonheur, aux nations la paix et au monde de plus longues périodes de tranquillité au milieu des malheurs qui planent constamment sur lui.

§ XXXVII. | TENTATIVES, COMPLICES ET IMPUNITÉ

Quoique les lois ne punissent pas l'intention, il n'en demeure pas moins qu'un acte qui est le commencement d'un délit et qui manifeste la volonté de l'achever mérite une punition, moindre sans doute que si le délit avait été réellement commis. L'importance qu'il y a à prévenir un attentat justifie un châtiment ; mais comme, parfois, un certain intervalle sépare la tentative de l'exécution, la perspective de la peine plus grave réservée au délit consommé peut donner lieu au repentir. On peut en dire autant, mais pour d'autres raisons, des peines à infliger aux complices, s'il y en a et que tous n'aient pas une part directe à son exécution. Quand plusieurs hommes s'unissent pour courir un certain risque, plus celui-ci sera grand, plus ils chercheront à le rendre égal pour tous. Il leur sera donc plus difficile de trouver parmi eux un homme qui se charge de l'exécution et s'expose ainsi à une peine plus sévère que les autres. La seule exception serait le cas où aurait été promise à l'exécuteur du crime une récompense spéciale ; celle-ci compenserait alors la différence du risque, et le châtiment devrait être le même pour tous. Ces réflexions paraîtront peut-être un peu théoriques ; mais il faut songer combien il importe que les lois laissent aux complices le moins possible de motifs pour s'accorder entre eux.

Certains tribunaux offrent l'impunité à celui qui a participé à un forfait, si grave soit-il, à condition qu'il dénonce ses complices. Semblable expédient a ses inconvénients et ses avantages. Le principal inconvénient est d'autoriser officiellement la trahison, détestable même entre les scélérats ; les crimes courageux sont moins funestes à une nation que les crimes lâches, parce que le courage n'est pas fréquent, et qu'il n'attend qu'une force bienfaisante qui le dirige et le fasse concourir au bien général, tandis que la lâcheté est beaucoup plus répandue et contagieuse et qu'elle puise sans cesse en elle-même de nouvelles forces. En outre le tribunal, en prenant cette mesure, laisse voir ses propres incertitudes et la faiblesse de la loi, réduite à implorer l'aide de ceux qui l'ont violée. D'autre part, les avantages de ladite mesure sont d'abord d'empêcher des forfaits considérables et de rassurer le peuple qui s'inquiète devant les effets visibles de certains délits dont les auteurs restent inconnus. De plus elle montre que celui qui ne respecte pas les conventions publiques que sont les lois ne respecte pas davantage les contrats privés. Il me semble qu'une loi générale promettant l'impunité au complice qui révèle un délit serait préférable à une décision spéciale prise dans un cas particulier, car on éviterait que les complices s'entendent entre eux, chacun craignant d'être seul exposé au danger. Enfin le tribunal ne pousserait pas les scélérats à s'enhardir en voyant que dans certains cas on a besoin de leur concours. Cette loi devrait cependant stipuler que l'impunité du délateur serait accompagnée du bannissement... Mais c'est en vain que je mets mon esprit à la

torture pour étouffer les remords que j'éprouve à
justifier les lois sacro-saintes, monument de la
confiance publique, base de la morale humaine,
lorsqu'elles recourent à la trahison et à la perfi-
die. Quel exemple ce serait pour la nation si l'on
ne tenait pas la promesse d'impunité, si, par de
savantes arguties et en dépit de la foi publique,
on traînait au supplice celui qui a répondu à
l'invitation des lois ! De tels exemples ne sont pas
rares, et c'est pourquoi tant de gens regardent la
nation comme une machine compliquée dont les
plus adroits et les plus puissants font mouvoir les
rouages à leur gré. Ces hommes-là, froids et
insensibles à tout ce qui fait les délices des âmes
nobles et tendres, excitent avec une habileté
imperturbable les sentiments les plus chers ou les
plus violentes passions de leurs semblables en vue
de leurs propres intérêts, jouant des âmes comme
les musiciens de leurs instruments.

§ XXXVIII. INTERROGATOIRES « SUGGESTIFS » ET
DÉPOSITIONS

Nos lois proscrivent, dans un procès, les
interrogatoires dits *suggestifs*, c'est-à-dire, d'après
les docteurs, ceux qui, dans les circonstances
d'un délit, portent non pas sur le *genre* comme ils
le devraient, mais sur l'*espèce*, interrogatoires
qui, ayant un rapport direct avec le délit, *suggè-*
*rent* à l'accusé une réponse directe. Or, selon les
criminalistes, l'interrogatoire ne doit jamais aller
droit au fait, mais l'envelopper, pour ainsi dire,

comme d'une spirale. Si l'on emploie cette méthode, c'est ou bien pour ne pas *suggérer* à l'accusé des réponses qui le mettent hors de cause, ou peut-être parce qu'il semble contre nature que le coupable s'accuse immédiatement et de lui-même. Quoi qu'il en soit de ces deux motifs, ce qu'il y a de remarquable, c'est la contradiction où tombent les lois qui, conjointement à cet usage, autorisent la torture ; est-il en effet un interrogatoire plus *suggestif* que la douleur ? La torture confirme le premier motif aussi bien que le second : la douleur *suggérera* à l'homme robuste un silence obstiné, lui permettant d'échanger la peine la plus grave contre une plus légère ; au faible elle *suggérera* un aveu qui le libérera du supplice qui, momentanément, a plus d'action sur son esprit que les souffrances à venir. Le second motif revient évidemment au même, car si un interrogatoire *spécial* amène le coupable à avouer contrairement à la nature, les tourments atteindront ce but bien plus sûrement. Mais les hommes attachent plus d'importance à la différence des mots qu'à celle des choses.

Parmi les abus de termes qui ont eu sur les affaires humaines une influence considérable, il faut remarquer celui qui rend nulle et non avenue la déposition d'un coupable déjà condamné ; il est *mort civilement*, disent gravement les savants jurisconsultes, et un *mort* n'est plus capable de rien. On a sacrifié bien des victimes pour soutenir cette vaine métaphore, et bien souvent on s'est demandé avec le plus grand sérieux si la vérité devait céder ou non aux formes judiciaires.

Pourvu que la déposition de l'homme déjà
condamné n'ait pas pour effet d'entraver le cours
de la justice, il n'y a pas de raisons, même après la
condamnation, pour refuser à ce malheureux les
quelques instants nécessaires pour produire des
éléments nouveaux qui peuvent changer la nature
des faits de façon à le justifier, lui ou d'autres, par
un nouveau jugement.

Les formalités et le cérémonial sont indispensables dans l'administration de la justice, soit
pour ne rien laisser à l'arbitraire du tribunal, soit
pour présenter au peuple l'image d'un jugement
non pas désordonné et intéressé, mais obéissant à
des règles dûment établies, soit enfin parce que,
sur des hommes moutonniers et esclaves de
l'habitude, les sensations ont plus de pouvoir que
le raisonnement. Cependant ces formalités doivent être fixées par la loi de manière à éviter le
fatal danger de nuire à la vérité ; mais celle-ci,
parfois trop simple ou trop compliquée, a besoin
d'une certaine pompe extérieure pour obtenir
l'approbation du peuple ignorant.

Enfin, celui qui, au cours des interrogatoires,
s'obstine à ne pas répondre aux questions qu'on
lui pose mérite une des peines les plus graves
fixées par les lois, afin que les gens n'éludent pas
ainsi l'obligation de donner au public l'exemple
qui doit lui être donné. Il n'y a pas lieu d'appliquer cette peine quand il est hors de doute que tel
accusé a commis tel délit : les interrogatoires sont
alors inutiles, comme l'est aussi l'aveu du délit
quand d'autres preuves en attestent la réalité. Ce
dernier cas est le plus ordinaire, car l'expérience

montre que, dans la majorité des procès, les accusés nient tout |.

## § XXXIX. D'UN GENRE PARTICULIER DE DÉLITS

Quiconque lira cet ouvrage s'apercevra que j'ai omis un genre de délits dont la répression a inondé l'Europe de sang et élevé ces funestes bûchers dont les flammes étaient alimentées de corps vivants. Une foule stupide prenait plaisir à ce spectacle, comme elle se plaisait à entendre les gémissements sourds et confus sortant de tourbillons de fumée noire, fumée de membres humains, tandis que crépitaient les os carbonisés et que grillaient les viscères encore palpitants. Mais les hommes éclairés verront que le pays où je vis, le siècle où j'écris, la matière que je traite ne me permettent pas d'examiner la nature d'un tel délit. Il serait trop long, et hors de mon sujet, de vouloir prouver, contrairement à l'exemple de nombreuses nations, combien est nécessaire dans un Etat une parfaite uniformité de pensée, combien des opinions qui ne présentent entre elles que des différences subtiles et obscures, dépassant de beaucoup l'entendement humain, peuvent troubler la tranquillité publique, à moins que l'une ne soit autorisée à l'exclusion des autres. Il faudrait montrer encore l'enchevêtrement des idées : tandis que les unes, dans la fermentation des esprits, deviennent plus claires en s'opposant et en se combattant entre elles, que la vérité surnage et que les erreurs sombrent dans l'oubli, d'autres opinions, que leur seule constance ne suffirait pas à assurer, ont besoin d'être appuyées par l'autorité et la force. Il serait trop long de démontrer que cette autorité et cette force sont nécessaires, indispensables, si odieuses qu'elles semblent à l'esprit humain par l'hypocrisie et l'avilissement qu'elles font naître, et bien qu'elles paraissent contraires à l'esprit de douceur et de fraternité que commande la raison et qu'enseigne la doctrine que nous vénérons par-dessus tout. Ces axiomes doivent être considérés comme indiscutables et conformes aux véritables intérêts de l'humanité, surtout s'ils sont appliqués par quelqu'un dont l'autorité soit elle-même reconnue. Je ne parle ici que des délits qui sont le fait de l'homme naturel et qui violent le pacte social, et non pas des péchés, dont la punition, même temporelle, doit s'inspirer d'autres principes que ceux de la simple philosophie.

§ XL.  FAUSSES IDÉES D'UTILITÉ

Une foule d'erreurs et d'injustices ont leur source dans les fausses idées que les législateurs se font de l'utilité. C'est avoir une fausse idée de l'utilité que de se préoccuper d'inconvénients particuliers plus que des inconvénients généraux, de prétendre commander aux sentiments au lieu de les stimuler, de dire enfin à la raison : Sois esclave. Fausses idées d'utilité, celle qui sacrifie mille avantages réels à un danger imaginaire ou de peu d'importance et qui voudrait priver les hommes du feu parce qu'il cause des incendies ou de l'eau parce qu'on peut s'y noyer, celle encore qui ne sait remédier aux maux qu'en détruisant. ‖ Les lois qui défendent le port d'armes sont de même nature ; elles ne désarment que ceux qui n'ont aucune intention criminelle, tandis que ceux qui ont le courage de violer les lois les plus sacrées et les plus importantes ne sauraient respecter des prescriptions purement arbitraires, sans grande portée et qu'il est facile de transgresser impunément. Ces dernières, d'ailleurs, si on les observe exactement, sont de nature à supprimer la liberté individuelle, la plus chère à l'homme, la plus chère aussi au législateur éclairé, en soumettant les innocents à toute sorte de vexations qu'on devrait réserver aux coupables. Elles mettent en état d'infériorité la victime d'une agression et profitent à l'agresseur ; au lieu de diminuer le nombre des assassinats, elles l'augmentent, car on s'attaque plus hardiment à l'homme sans défense qu'à celui qui est armé. On peut dire de ces lois qu'elles ne sont pas faites pour prévenir les délits, mais sont dictées par la peur qu'ils inspirent ; elles naissent du désarroi causé par certains faits particuliers, non d'un mûr examen des avantages et des inconvénients que peut avoir un décret d'une portée générale ‖. C'est aussi une fausse idée de l'utilité de vouloir soumettre une multitude d'êtres sensibles à la même régularité symétrique que la matière brute et inanimée, et de négliger les motifs présents, les seuls qui agissent avec force et persistance sur les masses, pour recourir à des motifs éloignés qui font une impression faible et passagère ; seule une force d'imagination bien rare parmi les hommes pourrait suppléer à l'éloignement de ces objectifs en les amplifiant. C'est avoir enfin une fausse idée de l'utilité que de sacrifier les choses aux mots en séparant le bien général des intérêts particuliers.

Il y a entre l'état de société et l'état de nature cette différence que le sauvage ne nuit à autrui que dans la mesure où il en peut tirer profit, tandis que l'homme social est souvent poussé par de mauvaises lois à faire du tort aux autres sans avantage pour lui. Le despote sème dans l'âme de ses esclaves la crainte et l'abattement, mais le mal, comme répercuté, revient avec plus de force le tourmenter lui-même. Celui qui se plaît à inspirer la terreur, tant qu'il n'effraie qu'un petit nombre de gens de son entourage, ne court pas de grands risques. Mais si la terreur devient générale et frappe une grande multitude, le tyran doit craindre bien davantage qu'il ne se trouve un imprudent, un désespéré ou un audacieux habile à utiliser les hommes à ses propres fins et qui saura leur inspirer des desseins d'autant plus séduisants que le risque de l'entreprise sera partagé par un plus grand nombre de complices. En outre, plus profonde est la misère des malheureux, moins ils attachent de prix à leur existence. Si les actes nuisibles en engendrent sans cesse de nouveaux, c'est que la haine est un sentiment plus tenace que l'amour, la durée lui donnant des forces qu'elle ôte à l'amour.

§ XLI.  MOYENS DE PRÉVENIR LES DÉLITS

Il vaut mieux prévenir les crimes que d'avoir à les punir ; tel est le but principal de toute bonne législation, laquelle est l'art de rendre les hommes le plus heureux possible ou, disons pour tenir compte également des biens et des maux de la vie, le moins malheureux possible. Mais les moyens employés jusqu'ici sont pour la plupart absurdes et opposés à ce but. Il n'est pas possible de réduire l'activité tumultueuse des humains à un ordre géométrique exempt d'irrégularité et de confusion. De même que les lois simples et constantes de la nature ne peuvent éviter les perturbations qui surviennent dans le cours des planètes, les lois humaines sont incapables d'empêcher le trouble et le désordre résultant des forces d'attraction innombrables et opposées du plaisir et de la douleur. C'est pourtant la chimère que poursuivent les hommes aux facultés limitées quand ils ont en main le pouvoir. Lorsqu'on défend une foule d'actes indifférents, on ne prévient pas des délits qui ne sauraient en résulter, mais on en crée de nouveaux en déplaçant arbitrairement, entre le vice et la vertu, des limites que l'on proclame cependant éternelles et immuables. A quoi serions-nous réduits, si tout ce qui peut être une occasion de délits nous était interdit ? Il faudrait alors priver l'homme de l'usage de ses sens. Pour un motif qui pousse à commettre un véritable délit, il y en a mille qui mènent à des actions indifférentes que seules les

mauvaises lois appellent délits. Plus on augmente
le nombre des délits possibles, plus on accroît les
chances d'en commettre. La plupart des lois ne
représentent d'ailleurs que des privilèges et ne
sont qu'un tribut imposé à tous en faveur d'un
petit nombre.

Si l'on veut prévenir les délits, il faut faire en
sorte que les lois soient claires et simples, et que
tous les membres de la nation unissent leurs
forces pour les défendre, sans qu'aucun puisse
travailler à les détruire. | Il faut qu'elles favori-
sent moins les classes que les hommes | , que
ceux-ci les craignent, et ne craignent qu'elles. La
crainte des lois est salutaire, la crainte des
hommes est funeste et fertile en crimes. Les
hommes asservis sont plus enclins à la volupté, au
libertinage, à la cruauté que les hommes libres.
Ces derniers s'adonnent aux sciences, méditent
sur les intérêts des nations, voient de grands
exemples et les imitent, tandis que les autres se
bornent au moment présent et cherchent dans le
bruit de la débauche à se consoler de l'avilissement où ils se voient réduits. L'incertitude des
lois les accoutume au doute quant à l'issue de
toutes choses et de leurs crimes en particulier, ce
qui ne peut que renforcer les passions qui les y
poussent. Dans une nation que le climat rend
indolente, le caractère indécis des lois entretient
et augmente la nonchalance et l'inertie. Chez un
peuple voluptueux mais actif, la même cause
disperse l'activité en une foule de petites cabales
et de menues intrigues qui sèment la défiance
dans tous les cœurs, et la prudence devient

trahison et hypocrisie. Si le peuple est fort et
courageux, l'incertitude finit par être éliminée,
non sans avoir causé d'abord de nombreuses
oscillations entre la servitude et la liberté.


§ XLII.  DES SCIENCES

Pour prévenir les crimes, il faut aussi que la
liberté s'accompagne des lumières. Plus les
connaissances sont répandues, plus les inconvénients qu'elles peuvent présenter sont rares, et
plus nombreux sont leurs avantages. Un impos-
teur audacieux, qui n'est jamais un homme
ordinaire, recueille les acclamations d'un peuple
ignorant et les sifflets d'une nation éclairée. Les
connaissances, en facilitant les comparaisons et
multipliant les points de vue, opposent les unes
aux autres bien des opinions qui se modifient
réciproquement, et cela d'autant plus qu'on
retrouve chez les autres ses propres aspirations et
ses propres répugnances. Les lumières abondam-
ment répandues dans une nation font taire l'ignorance et la calomnie et trembler l'autorité qui ne
s'appuie pas sur la raison ; seule la vigueur des
lois reste inébranlable, car il n'est pas d'homme
qui ne soit attaché à ces conventions publiques,
claires et utiles, qui garantissent la sûreté
commune ; le peu de libertés inutiles qu'il a
sacrifié, il le compare à la somme de toutes les
libertés sacrifiées par les autres et qui, sans ces
lois, pouvaient se tourner contre lui. Quiconque
ayant une âme sensible jettera un regard sur un

code de lois bien faites constatera qu'il n'a perdu que la funeste liberté de faire du mal à autrui et ne pourra que bénir le trône et celui qui l'occupe.

Il n'est pas vrai que les sciences soient nuisibles à l'humanité et, si elles ont fait parfois du mal, ce mal était inévitable. La multiplication des hommes sur la surface de la terre y a introduit la guerre, des arts encore grossiers et les premières lois, pactes momentanés qui naissaient avec la nécessité et périssaient avec elle. C'est ainsi que parut la première philosophie, dont les principes peu nombreux étaient justes, parce que l'indolence et le peu de sagacité de nos ancêtres les préservaient de l'erreur. Mais les besoins se multipliant en même temps que les hommes, il fallut des impressions plus fortes et plus durables pour empêcher des retours fréquents et funestes à l'état primitif de sauvagerie. Ce fut donc pour l'humanité un grand bien (je veux dire un grand bien social), que d'anciennes erreurs aient peuplé la terre de fausses divinités et créé un monde invisible gouvernant le nôtre. Ce furent des bienfaiteurs des hommes ceux qui osèrent les abuser et traîner aux autels la foule ignorante et docile. En offrant à leur esprit un objectif situé au-delà des sens, qui fuyait devant eux à mesure qu'ils croyaient l'atteindre, qui était respecté parce que mal connu, ils unirent et concentrèrent les passions éparses sur ce seul objet dont ils étaient vivement frappés. Telles furent les conditions où vécurent toutes les nations primitives formées de peuplades sauvages, telle fut l'époque où se constituèrent les grandes sociétés, tel fut leur lien nécessaire et peut-être le seul possible. Je ne parle pas ici du peuple élu de Dieu, pour qui les miracles les plus extraordinaires et les grâces les plus signalées tinrent lieu de politique humaine. Mais comme le propre de l'erreur est de se subdiviser à l'infini, les fausses sciences qu'elle produisit firent des hommes une multitude fanatique d'aveugles qui se heurtaient dans le labyrinthe où ils étaient enfermés pêle-mêle, si bien que parmi eux quelques penseurs à l'âme sensible se mirent à regretter l'ancien état sauvage. Ce fut l'époque où, pour la première fois, on trouve des notions ou, pour mieux dire, des opinions nuisibles.

La seconde de ces époques est celle du passge difficile et redoutable de l'erreur à la vérité. Le choc des erreurs avantageuses au petit nombre des puissants contre les vérités utiles à la masse des faibles, la nuée des passions qui s'éveillent à ce moment engendrent des maux infinis pour les malheureux humains. Si l'on médite sur l'histoire, dont les principales périodes, après un certain intervalle, ont entre elles des ressemblances, on verra que, plus d'une fois, des générations entières ont été sacrifiées au bonheur de celles qui leur succédèrent, lors de ce passage, douloureux mais nécessaire, des ténèbres de l'ignorance à la lumière de la philosophie et, en conséquence, de la tyrannie à la liberté. Mais, les esprits une fois calmés, une fois éteint l'incendie qui a délivré le peuple des maux qui l'opprimaient, la vérité, dont les progrès sont d'abord lents, puis toujours plus rapides, s'assied sur le

174 DES DÉLITS ET DES PEINES

trône à côté des monarques et a, dans les
assemblées des nations, un culte et des autels.
Qui pourra prétendre dès lors que les lumières
éclairant la multitude soient plus nuisibles que les
ténèbres, et que la connaissance des vrais et
simples rapports unissant les choses soient
funestes aux hommes ?

Des connaissances incomplètes et confuses
sont plus dangereuses qu'une totale ignorance,
parce qu'aux inconvénients de celle-ci elles joi-
gnent les erreurs inévitables de celui dont les vues
sont insuffisantes pour atteindre la vérité. C'est
pourquoi le don le plus précieux que le souverain
puisse faire à la nation et à lui-même est de
confier le dépôt sacré des lois à la garde d'un
homme éclairé. Celui-ci a coutume d'envisager
sans crainte la vérité ; il est presque entièrement
exempt de ce besoin de considération qui, jamais
satisfait, met bien souvent à l'épreuve la vertu de
tout autre ; il contemple l'humanité du point de
vue le plus élevé, à ses yeux la nation devient une
famille de frères, et la distance qui sépare les
grands du peuple lui paraît d'autant plus faible
qu'il embrasse du regard une plus grande masse
d'hommes. Le sage a des besoins et des intérêts
inconnus du vulgaire, celui surtout de ne pas
démentir, au grand jour de la vie publique, les
principes qu'il professe dans l'intimité et de
rester fidèle à la règle qu'il s'est faite d'aimer la
vérité pour elle-même. La confiance que le prince
accorde à de tels hommes fait le bonheur de la
nation, mais ce bonheur est passager si de bonnes
lois n'en augmentent pas le nombre au point de

diminuer le risque toujours grand de faire un mauvais choix.

## § XLIII.  DES MAGISTRATS

Un autre moyen de prévenir les crimes est d'inciter le collège chargé de l'application des lois à les observer scrupuleusement plutôt que d'être accessible à la corruption. Plus les membres du tribunal sont nombreux, moins il est à craindre qu'ils empiètent sur les lois, car la vénalité est plus difficile à des magistrats qui s'observent entre eux, et ils ont moins d'intérêt à accroître leur autorité si la part qui en reviendrait à chacun est plus petite, comparée surtout au danger de l'entreprise. Si le souverain recourt à la pompe et à l'apparat, s'il édicte des mesures trop sévères et refuse d'entendre les plaintes justes ou injustes de ceux qui se croient opprimés, il habituera ses sujets à craindre les lois moins que les magistrats, et ceux-ci en profiteront plus que n'y gagnera la sûreté personnelle et publique.

## § XLIV.  RÉCOMPENSES

On peut aussi prévenir les délits en récompensant la vertu. Sur ce sujet je remarque que les lois de tous les pays actuels gardent un silence unanime. S'il est vrai que les prix décernés par les académies aux auteurs qui découvrent des vérités utiles ont multiplié les connaissances et les bons livres, pourquoi des récompenses distribuées par

la main bienfaisante du souverain ne multiplie-
raient-elles pas de même les actions vertueuses ?
La monnaie de l'honneur, distribuée par un sage,
produit inépuisablement les fruits les plus précieux.

§ XLV. ÉDUCATION

Enfin, le moyen le plus sûr, mais le plus
difficile, de lutter contre le crime est de perfec-
tionner l'éducation. Mais c'est là un sujet trop
vaste, dépassant les limites que je me suis fixées,
et qui, j'ose le dire aussi, tient de trop près à la
nature du gouvernement pour ne pas demeurer
un champ stérile, cultivé çà et là seulement par
un petit nombre de sages, jusqu'aux temps bien
éloignés où régnera la félicité publique. Un grand
homme [1], que l'humanité persécute alors qu'il
cherche à l'éclairer, a fait voir quelles sont les
maximes d'une éducation vraiment utile aux
hommes ; elle consiste moins en une vaine accu-
mulation des objets qu'on enseigne que dans le
choix et la précision de ces objets ; elle substitue
l'original à la copie dans l'étude des phénomènes,
tant moraux que physiques, que le hasard ou
l'habileté présente à l'esprit tout neuf de l'enfant ;
elle le conduit à la vertu par la route facile du
sentiment ; elle l'écarte du mal en lui montrant

1. Jean-Jacques Rousseau, dont l'*Emile* avait été
condamné à Rome le 6 octobre 1763.

les inconvénients qui résultent infailliblement d'une mauvaise action, et non par le moyen hasardeux de l'autorité qui n'obtient qu'une obéissance hypocrite et passagère.

|| § XLVI. DES GRÂCES

A mesure que les châtiments se font moins sévères, la clémence et le pardon deviennent moins nécessaires. Heureuse la nation où ce ne seraient plus là des qualités, mais des défauts ! La clémence, donc, qui parfois supplée à tous les devoirs du trône, devrait être exclue d'une législation parfaite, où les peines seraient modérées et la procédure régulière et expéditive. Cette vérité ne sera pas admise sans peine par ceux qui vivent dans le désordre d'une jurisprudence criminelle où le pardon et la grâce sont nécessaires en raison de l'absurdité des lois et de la cruauté des condamnations. Le droit de grâce est la plus belle prérogative du trône et le plus précieux attribut du pouvoir souverain, mais c'est aussi un désaveu tacite que le prince, ne songeant qu'au bonheur de son peuple, donne à un code qui, malgré toutes ses imperfections, a pour lui le préjugé des siècles, une masse énorme et imposante d'innombrables commentaires, le grave appareil des formalités interminables et l'adhésion des demi-savants les plus insinuants et les moins redoutés. Mais on doit considérer que la clémence est une vertu propre à celui qui fait les lois, non à celui qui les applique, qu'elle doit resplendir dans le code, non dans les jugements particuliers. Montrer aux hommes qu'on peut pardonner les fautes et que le châtiment n'en est pas la conséquence nécessaire, c'est faire naître en eux l'espoir de l'impunité et leur donner à penser, puisque le pardon est possible, qu'une condamnation est un acte de force plutôt qu'un acte de justice. En outre, quand le prince fait grâce à quelqu'un, il semblera sacrifier la sûreté publique à celle d'un particulier et, en faisant preuve d'une bienveillance inconsidérée envers un individu, émettre un décret général d'impunité.

Il faut donc que les lois soient inexorables, comme doivent être inflexibles ceux qui les appliquent dans des cas particuliers, mais qu'en revanche le législateur soit clément, indulgent et humain. Que, tel un sage architecte, il fasse reposer son édifice sur l'attachement des hommes à leur bien-être, de telle sorte que l'intérêt général soit le résultat des intérêts de chacun. Dès lors, il ne sera pas contraint de recourir à des lois partielles et à des moyens désordonnés pour séparer à tout moment le bien commun de celui des individus et pour élever sur la crainte et la défiance un simulacre de salut public. Philosophe profond et sensible, qu'il laisse les hommes, ses frères, jouir en paix de la petite part de bonheur que l'ordre des choses établi par la divine Sagesse leur a donnée en partage dans ce coin de l'immense univers.

§ XLVII.  CONCLUSION

Je conclus par cette réflexion que l'importance des peines doit être en rapport avec le développement de la nation. Dans un peuple à peine sorti de l'état sauvage, les esprits endurcis ont besoin plus qu'ailleurs d'impressions fortes et sensibles. Il faut la foudre pour abattre un lion féroce que les coups de fusil ne font qu'irriter. Mais dans l'état social, à mesure que les âmes s'adoucissent elles deviennent plus sensibles, et la rigueur des châtiments doit s'atténuer si l'on veut maintenir le même rapport entre l'objet et la sensibilité.

De tout ce qui a été exposé ci-dessus on peut tirer une règle générale fort utile, mais peu conforme à l'usage, ce législateur ordinaire des nations : *Pour que n'importe quelle peine ne soit pas un acte de violence exercé par un seul ou par plusieurs contre un citoyen, elle doit absolument être publique, prompte, nécessaire, la moins sévère possible dans les circonstances données, proportionnée au délit et déterminée par la loi* ‖.

# BIBLIOGRAPHIE

Sur les raisons qui nous ont incité à suivre, dans notre traduction, le texte de la cinquième édition, la dernière directement procurée par Beccaria, voir *Illuministi italiani*, t. III, *Riformatori lombardi, piemontesi e toscani*, publ. par Franco Venturi, Milan-Naples, Ricciardi, 1958, p. 23 ss. Sur l'écho rencontré en Europe par *Dei delitti e delle pene*, *cf.* l'édition, contenant un recueil de lettres et de documents relatifs à la naissance de l'œuvre et à sa fortune au XVIIIᵉ siècle, publ. par F. Venturi, Turin, Einaudi, 1965, et surtout les *Actes* du Congrès beccarien organisé par l'Académie des sciences de Turin en 1964, publ. en 1965.

Pour les autres écrits de Beccaria et pour une large information bibliographique et historique, on recourra aux *Œuvres*, publ. en deux volumes par S. Romagnoli, Florence, Sansoni, 1958.

Pour une interprétation particulièrement importante et sensible, voir CESARE BECCARIA, *Dei delitti e delle pene*, publ. par P. Calamandrei, seconde édition, Florence, Le Monnier, 1965. M. M. Isaev a mis en tête de sa traduction de l'œuvre de Beccaria, publ. par les Editions juridiques à Moscou, en 1939, un commentaire qui n'est pas sans intérêt.

Parmi les ouvrages anciens, il faut encore tenir compte surtout de CESARE CANTÙ, *Beccaria e il diritto penale. Saggio*, Florence, Barbera, 1862 ; CESARE BECCARIA, *Scritti e lettere inediti*, raccolti ed illustrati da Eugenio Landry, Milan, Hoepli, 1910 ; C. A. VIANELLO, *La vita e l'opera di Cesare Beccaria, con scritti e documenti inediti*, Milan, Ceschina, 1938 ; RODOLFO MONDOLFO, *Cesare Beccaria*, 2ᵉ éd., publ. par Vittorio Enzo Alfieri, Milan, Nuova Accademia Editrice, 1960.

Comme exemples des recherches sur l'histoire du droit pénal et sur l'accueil fait à Beccaria dans l'Europe du XVIIIᵉ siècle, nous nous bornerons à quelques ouvrages fondamentaux ; *pour la France*, MARCELLO T. MAESTRO, *Voltaire and Beccaria as reformers of criminal law*, New York, Columbia University Press, 1942 ; IRA O. WADE, « The search for a new Voltaire. Studies in Voltaire based upon material deposited at the American Philosophical Society », *Transactions of the American Philosophical Society*, New series, vol. 48, part 4, juillet 1958, p. 84 ss. ; *pour l'Angleterre*, LEON RADZINOWICZ, *A history of English criminal law and its administration from 1750*, vol. I, London, Stevens, 1956 ; *pour la Suisse*, S. JACOMELLA, « Cesare Beccaria et la Svizzera », *Cenobio*, mai-juillet 1954, p. 175 ss. ; GUSTAV RADBRUCH, *Elegantiae juris criminalis, Vierzehn Studien zur Geschichte des Strafrechts*, 2ᵉ éd., Bâle, 1956 ; *pour l'Allemagne*, KARL VON ZAHN, *Karl Ferdinand Hommel als Strafrechtsphilosoph und Strafrechtslehrer. Ein Beitrag zur Geschichte der strafpolitischen Aufklärung in Deutschland*, Leipzig, Wiegandt, 1911 ; *pour la Pologne*, le rapport de B. LESNODORSKI dans les *Actes* cités du Congrès beccarien organisé par l'Académie des sciences de Turin ; *pour la Russie*, le rapport de PAVEL NAUMOVIĆ dans les *Actes* susnommés, et T. CIZOVA, « Beccaria in Russia », *The Slavonic and East European Review*, juin 1962, p. 384 ss. ; *pour l'Amérique du Nord*, PAUL M. SPURLIN, « Beccaria's Essay on crimes and punishments in America. 1787-1861 », *Studies on Voltaire and the eighteenth century*, vol. XXVII, p. 1489 ss.

F. V.

# CHRONOLOGIE

**1738** (15 mars) : Naissance du marquis Cesare Beccaria à Milan.
Études à l'Université de Pavie.

**1762** : Beccaria publie *Del disordine e de' rimedi delle monete nello stato di Milano nell' anno 1762*.
En France, déclenchement de l'affaire Calas. Pamphlets de Voltaire, qui publie en 1763 le *Traité sur la tolérance à l'occasion de la mort de Jean Calas*.

**1764** : Beccaria publie anonymement *Dei Delitti e delle pene* à Livourne. Succès immédiat.

**1765** : Traduction française des *Délits et des peines* par l'abbé Morellet (août). Au même moment éclate l'affaire La Barre.

**1766** (automne) : Séjour à Paris de Beccaria, qui est fêté et célébré.
Nombreuses traductions dans toute l'Europe. Catherine II propose à Beccaria de s'installer en Russie. Beccaria refuse et ne s'éloignera plus désormais de Milan. Il sera successivement professeur de droit, magistrat et haut fonctionnaire.

**1770** : Beccaria publie le *Tratatto interno alla natura dello stile*.

**1794** (28 novembre) : Mort de Beccaria.

# TABLE

## DES DÉLITS ET DES PEINES

TABLE                                    187

**GF — TEXTE INTÉGRAL — GF**

988-III-1991. — Imp. Bussière, Saint-Amand (Cher).
N° d'édition 13109. — Avril 1991. — Printed in France.